Die maltesische Mittelmeerküche

Rainer Mitze

Die maltesische Mittelmeerküche

UMSCHAU

Gestaltung und Satz
juhu media, Susanne Dölz, Bad Vilbel

Reproduktion
Lithotronic media gmbh, Frankfurt/Main

Foodfotografie
Foodfoto Holz, Köln

Wir bedanken uns bei Frau Swantje Klotz vom Fremdenverkehrsamt Malta in Frankfurt für die freundliche Unterstützung beim Verfassen des einleitenden Teils über die maltesische Küche und für die reiche Auswahl an Fotomaterial.

Druck und Verarbeitung
LEGO, Vicenza

Printed in Italy
ISBN 3-86528-208-3

Die Ratschläge in diesem Buch sind von den Autoren und dem Verlag sorgfältig erwogen und geprüft, dennoch kann eine Garantie nicht übernommen werden. Eine Haftung der Autoren und des Verlages für Personen-, Sach- und Vermögensschäden ist ausgeschlossen.

Besuchen Sie uns im Internet
www.umschau-buchverlag.de

Inhaltsverzeichnis

Die maltesische Küche – ein Potpourri der Kulturen

Mhux bogħod mid-dar jekk mhux bogħod mill-kcina

„Wenn man nicht weit weg von der Küche ist,
ist man auch nicht weit weg von zu Hause."

Wie kaum ein anderes europäisches Land waren die maltesischen Inseln Malta, Gozo und Comino im Laufe der Jahrhunderte dem Einfluss vieler verschiedener fremder Herrscher ausgesetzt, die ihre Spuren in der Architektur, der Sprache, in Sitten und Bräuchen hinterlassen haben. Araber, Afrikaner, Sizilianer, Briten und Kreuzritter haben die Küche des kleinen Archipels im Mittelmeer beeinflusst, besonders prägend waren die Einflüsse aus Italien und Nordafrika. Aber auch der türkische Honig und die Pies und Pasteten der Briten haben in der maltesischen Küche einen festen Platz.

Hafen von Msida

Die ersten Bewohner Maltas kamen aus Sizilien und Unteritalien und errichteten dort vor über 6000 Jahren überall auf der Insel rund 40 der berühmten Megalithtempel, die heute ältesten freistehenden von Menschenhand geschaffenen Gebäude.

Malteser kochen und essen vor allem zu Hause – in der Familie. Rezepte werden hier wirklich noch von der Großmutter an die Mutter und dann an die Tochter weitergegeben. Malta hat sich so eine eigene, typische Küche erhalten, die jahrtausendelang von Generation zu Generation überliefert wurde.

Die ländliche, bäuerliche Küche hat sich im Laufe der Zeit nur wenig verändert. Typisch sind Gemüsesuppen wie „Soppa ta`L-Armla", die so genannte Witwensuppe, und andere Eintöpfe, im Backofen gebackenes ungesäuertes Brot, Ziegenkäse und Kartoffeln. Die Küche der Mittelklasse dagegen ist mediterraner geprägt. „Timpana", ein mit Blätterteig überbackener Nudelauflauf, ähnelt dem sizilianischen Timballo, gefüllte Paprika und Auberginen stammen von der kleinasiatischen Küste. Die beiden beliebten Süßwaren „Ħelwa" und „imqaret" sind osmanischen und tunesischen Ursprungs und vermutlich durch Seefahrer, muslimische Gefangene oder umherwandernde Juden in die Küchen der Malteser gelangt.

Seit jeher kocht man auf Malta vor allem mit Oliven, Kapern, Knoblauch, Kräutern, Gemüse und Früchten der Saison – und davon gibt es eine reiche Auswahl.

Landestypische Produkte

Köstliche Obstsorten

Natürlich wird auf den maltesischen Inseln leckerstes frisches Obst wie Wassermelonen, Pflaumen und Kirschen, Pfirsiche,

Birnen und Nektarinen angebaut. Besonders erwähnenswert sind auch die süßen Apfelsinen. Die maltesischen Orangen sind klein, dünnschalig und sehr saftig. Es gibt eine Vielzahl von Orangenarten, die Blutorangen sind wohl die schmackhaftesten. Von den Bitterorangen, die als Stütze für die süßeren Orangensorten angepflanzt werden, da sie robuster sind, wird ein Teil für die Herstellung von Marmelade und von „Ilma Żahar" genutzt. Dies ist ein Orangenblütenwasser, das die Malteser zum Aromatisieren von Mandeln und anderen Süßwaren verwenden. Es wird zusammen mit einem Kaffee auch als Digestif gereicht. „Ilma Żahar" gilt zudem als altes Hausrezept bei Magenverstimmungen, das schwarzem Tee oder Kamillentee beigegeben wird.

Nach einem Geheimrezept aus dem Saft von Bitterorangen und 18 aromatischen Kräutern aber ohne Konservierungsstoffe wird auch das bittersüße maltesische Nationalgetränk „Kinnie" hergestellt, das Erwachsene und Kinder gleichermaßen erfrischend finden. Auf keinen Fall sollte man von Malta abreisen ohne eine der einheimischen Feigenarten gekostet zu haben. Die beliebtesten Feigensorten sind „Bajtar ta' San Gwann" (Heilige Johannisfeige), die bis Ende Juni reift, die kleine grüne „Farkizzan", die im Juli geerntet wird sowie die „Parsott", die Sie noch bis Ende September genießen können.

Honig

Eine ganz besondere Spezialität Maltas ist der Honig, der heute noch so rein ist wie in alten Zeiten.

Von 870 bis 1070 waren Malta, Gozo und Comino unter arabischer Herrschaft. Die Araber schufen nicht nur eine funktionierende Verwaltung, sondern auch eine ertragreiche Landwirtschaft, die mit Hilfe von Bewässerungssystemen und Terrassenfeldbau betrieben wurde.

Ab 700 v. Chr. stand Malta unter dem Einfluss der Phönizier, die Malta als Stützpunkt auf ihren langen Handelsreisen nutzten. Relikte dieser Zeit wie die Form des maltesischen Fischerbootes „Dgħajsa" mit dem typisch phönizischen Auge am Bug sind noch heute in der maltesischen Kultur zu finden. Die Malteser sind sehr abergläubisch und da das Auge am Fischerboot vor Unheil wie Seenot schützen soll, fährt heutzutage kaum ein Fischer ohne das aufgemalte Auge am Bug aufs Meer.

Er wird in der Landessprache „għasel" genannt. Eine Kostprobe ist jedem Besucher nur zu empfehlen. Zwei Sorten Honig werden hergestellt, zum einen Honig von Bienen, die sich von „Silla" (Klee) ernähren, und zum anderen von Bienen, die „Sagħtar" (wilden Thymian) bevorzugen. Vor allem der Thymianhonig hat einen ganz eigenen würzigen Geschmack.

Gemüse

Zu den Spezialitäten des Landes zählen zudem viele Gemüsesorten, angefangen bei Zucchini, Artischocken über Kohl- und Blumenkohlköpfe hin zusonnengereiften Tomaten und Kartoffeln, die einen besonders köstlichen Geschmack haben. Zwar gibt es auf den maltesischen Inseln nur sehr wenig Ackerland, doch jeder Meter des sehr fruchtbaren Bodens wird genutzt. Die vielen Steinmauern, die auf so typische Weise das Landschaftsbild prägen, haben die Bauern als Schutz gebaut, damit die Erde auf den Feldern nicht vom Regen weggespült wird.

Fleischgerichte

Vieh sieht man auf den maltesischen Inseln kaum, denn Malta hat keine Weiden. So werden Schweine, Rinder, Schafe und Ziegen in Ställen untergebracht. Auch Wildkaninchen sind heute eine Seltenheit, die meisten Kaninchen – etwa zwei Millionen pro Jahr – werden gezüchtet. Die Malteser lieben ihr „fenek", ihr Kaninchen, und „Fenkata" gilt als das Nationalgericht der Malteser. Die traditionelle Vorspeise zu diesem Gericht besteht aus Spaghetti, die mit einer Sauce serviert werden, die aus den nicht für die „Fenkata" verwendeten Teilen des Kaninchens hergestellt wird.

Auch „Braġjoli", Rinderrouladen mit einer Füllung aus Speck, Knoblauch und Petersilie, sind bei den Maltesern sehr beliebt, ebenso wie Hackbraten „Pulpettun" oder Schweinebraten „Majjal fil-Forn", der zusammen mit Kartoffeln, Zwiebeln und Fenchelsamen im Ofen gebacken wird.

Fisch

Fisch spielt natürlich auch eine sehr große Rolle auf dem Speisezettel der Mittelmeerinsel. Die Mittelmeer-Fische, die am Sonntagmorgen am pittoresken Hafen von Marsaxlokk oder täglich auf dem Fischmarkt von Valletta angeboten werden, begeistern selbst Fischkenner: Je nach Jahreszeit gibt es „Spnotta" (Wolfsbarsch), „Dott" (Steinbrasse), „Ċerna" (Zackenbarsch), „Dentiċi", (Zahnbrasse), „Sargu" (weiße Brasse) sowie „Trill" (Meeräsche) und Seeigel oder Drachenköpfe. Etwas später im Jahr wird dann „Pixxispad" (Schwertfisch) und auch Thunfisch gefangen.

Im Spätsommer hat „Lampuka", eine Doradenart, Saison. Als Pastete oder als „Torta tal-Lampuki", eine Art Auflauf, stellt dieser köstliche, weiße, vielseitig verwendbare Fisch auf den Inseln neben Kaninchen das zweite Nationalgericht dar.

Süßspeisen

Viele Süßwaren sind sizilianischen Ursprungs und werden anlässlich bestimmter religiöser Feierlichkeiten oder jahreszeitlicher Gedenktage zubereitet: „Prinjulata“, eine Art Buttercremetorte aus Löffelbiskuit, Pinienkernen, kandierten Kirschen und Schokolade, gibt es beispielsweise nur während der Faschingszeit. Die so genannten Fastenzeit-Plätzchen, „Kwarezimal“, hingegen sind der Zeit zwischen Aschermittwoch und Karfreitag vorbehalten, da sie, streng nach katholischen Vorgaben, ohne Fett und Ei gebacken werden. „Zeppoli ta' San Guzepp“, kleine mit Ricotta, Schokolade, kandierten Kirschen und Nüssen gefüllte Krapfen, gibt es nur zum St. Josephs Fest am 19. März, einem der maltesischen Nationalfeiertage.

Maltesisches Brot

Die maltesische Küche kann besonders stolz auf ihr köstliches Brot sein, das traditionell in steinernen Holzöfen gebacken wird. Das typische maltesische Landbrot „ħobża“ ist außen knusprig und innen herrlich leicht und luftig. Es wird mit dem Sauerteig gemacht, der vom Backen des Vortags übrig geblieben ist. Auf der Beliebtheitsskala gleich nach „ħobża“ kommt die maltesische „ftira“, ein flacher runder Brotlaib mit einem Loch in der Mitte, der dem ungesäuerten Brot des östlichen Mittelmeergebietes ähnelt. In den letzten Jahren kam es in Mode, die „ftira“ flach wie eine Pizza zu backen und mit Eiern, Tomaten, Sardellen und Kapern zu belegen.

Auf einer maltesischen Vorspeisenplatte darf Brot in Form von „Galletti“, kleinen runden harten Kräckern aus Weizenmehl, nicht fehlen, die zum Olivenöl gereicht werden. Zum maltesischen Brot passt auch ganz hervorragend „Bigilla“, eine Paste aus dicken Bohnen mit Knoblauch. Ein sehr beliebter Alltagssnack bei den Maltesern ist Pastizzi, eine knusprige Teigtasche mit Ricotta („pastizzi tal-irkotta“) oder Erbsenmus gefüllt („tal-Pizelli“). Jede Bäckerei und jede Bar bereitet sie nach einem eigenen Hausrezept zu. Pastizzi eignen sich sehr zum Mitnehmen und als Snack für Zwischendurch – gerne essen die Malteser zwei oder drei Pastizzi am Vormittag als zweites Frühstück zum Kaffee.

GEWINNUNG VON MEERSALZ

Das Meersalz, das in der maltesischen Küche Verwendung findet, wird auf den maltesischen Inseln selbst gewonnen. Sowohl auf Malta als auch auf Gozo gibt es Salzpfannen. Man kann dort gut beobachten, wie das Meerwasser auf die Pfannen aus dem typischen Kalksandstein gespült wird und das Salz sich dann nach und nach, je stärker die Sonne im Laufe der Monate wird, dort absetzt. Im Spätsommer, meist im September, bevor der erste Regen einsetzt, wird das getrocknete Salz dann „geerntet“, d.h. aus den Pfannen geholt.

Kapern und Oliven

Häufig sieht man an den alten Stadtmauern üppige Kapernsträucher. Gerne ziehen die Malteser am Wochenende mit der ganzen Familie los, um die Knospen zu sammeln und sie zuhause in Salzlake oder rotem Essig einzulegen. In dieser Form finden sie in zahlreichen Gerichten wie Saucen und Salaten Verwendung.

Auch Oliven gedeihen auf Malta und Gozo ganz hervorragend. Sie werden zwar nicht in allzu großen Mengen, dafür in umso besserer Qualität geerntet und in Salzlake oder Öl haltbar gemacht.

Olivenöl ist aus der mediterranen Ernährung nicht wegzudenken. Dies gilt auch für die maltesische Küche. Unter der Römischen Herrschaft war die Olivenölherstellung auf Malta von großer Bedeutung. Dies spiegelt sich auf den maltesischen Inseln noch in Städtenamen wie Żebbug (Dorf der Oliven) oder Żejtun (Dorf des Öls) wider. Im frühen Mittelalter ging die Produktion aber stark zurück und versiegte schließlich ganz, so dass dieses wertvolle Erzeugnis nun genauso wie Getreide und andere wichtige Waren auf den Archipel importiert werden musste.

Im Jahr 2000 jedoch erweckte Sam Cremona die Kunst der Olivenpressung zur Ölgewinnung zu neuem Leben, als er eine Olivenpresse kaufte und damit zum ersten Mal seit tausend Jahren wieder maltesisches Olivenöl herstellte. Maltesisches Extra Vergine Olivenöl von Cremona wird aus der ersten Kaltpressung gewonnen und ist von höchster Qualität. Es enthält nur wenig Säure und hat einen vollen Geschmack nach grünen, saftigen Oliven. Dies ist zum einen auf den guten alkalischen Boden und die hohe Sonnenstundenzahl zurückzuführen und zum anderen auf die Tatsache, dass die Oliven bei Cremona von Hand gepflückt und schon wenige Stunden nach der Ernte gepresst werden. Das Öl wird hier in Edelstahlfässern aufbewahrt, bevor es in Glasflaschen abgefüllt und anschließend in Pappkartons verpackt wird, um es vor Schäden durch Licht und Luft zu schützen. Die Olivenernte steigt jedes Jahr und die Olivenölproduktion gewinnt somit immer mehr an Bedeutung. Cremona ist im Begriff das Bio-Zertifikat für sein Extra Vergine Olivenöl zu erhalten.

Olivenöl benötigt man auch für die Zubereitung von „Ħobz biżżejt", eine der beliebtesten Vorspeisen auf Malta, die als eines der Nationalgerichte gilt. Hierfür reibt man eine dicke Scheibe knuspriges, frisches maltesisches Brot mit saftigen Tomaten ein und taucht sie dann kurz in eine Mischung aus Olivenöl, Weinessig, Salz, frisch gemahlenem Pfeffer, Kapern und frischer Minze.

Getrocknete Tomaten finden ebenfalls ihren Platz in der maltesischen Küche. Traditionell werden frische reife Tomaten mit Meersalz bestreut und in der Sonne getrocknet. Die getrockneten Tomaten werden dann in heimisches Öl eingelegt und so haltbar gemacht.

Der Weinbau auf Malta

Keine mediterrane Mahlzeit ist ohne den passenden Wein wirklich komplett. Und nichts passt besser zu einem Gericht der maltesischen Küche als ein Wein, der auf den Inseln erzeugt wurde.

Der Weinbau auf Malta hat eine lange Tradition, die bis in die Zeiten der Phönizier zurückreicht. Die weitere Entwicklung der Weinkultur hing davon ab, welche Besatzungsmacht Malta regierte.

Nach den Phöniziern kamen die Römer (A.D. 239). Nachdem das Imperium Romanum keinen Einfluss mehr ausübte, erlebte der Weinbau zur Zeit der arabischen Besatzung seinen Niedergang, da der Alkoholgenuss nach islamischem Glauben nicht erlaubt ist.

Als die maltesischen Inseln von Kaiser Karl V. von Spanien 1530 an den Johanniterorden abgetreten wurden, fanden diese die verbliebenen Rebstöcke in einem traurigen Zustand vor. Die Ritter, die aus den Wein produzierenden

Das „St. Pauls Estate" liefert die Trauben für den sehr populären und ausgezeichneten „Cheval Franc".

Ländern Europas stammten, nahmen umgehend Neuanpflanzungen vor und stellten fest, dass das milde mediterrane Klima ideale Voraussetzungen für den Weinbau bot.

Heutzutage gibt es vier bekannte und einige teils sehr kleine Kellereien. Auch stellen Bauern ihre eigenen „housewines“ her, die dann zusammen mit Gemüse und Honig, meist ohne Etikett, am Wegesrand oder in urigen Kneipen und Restaurants angeboten werden.

Seit alters her gibt es drei für die Inseln typische Traubensorten: die weißen Ghirgentina und Gennuarua und die rote Gellewza.

Marsovin ist Maltas führender Weinproduzent, der Name steht für qualitativ hochwertige Weine. Der Grundstein der Kellerei wurde im Jahr 1919 gelegt, als Chev. An-

„Antonin Noir“, „Marnisi Red“ und „Marnisi Rosé“ werden aus Trauben des größten zusammenhängenden Weinbaugebietes „Marnisi“ hergestellt. Es liegt auf dem Weg zum Fischerhafen Marsaxlokk. Dort werden Cabernet Sauvignon, Cabernet Franc, Petit Verdot und Merlot angebaut.

Vom „Wardija Estate“ stammen die Trauben für den „Cassar de Malte“, Maltas erstem Sekt (Schaumwein), der nach der „méthode traditionnelle“, in Anlehnung an die Champagnerherstellung, bereitet wird.

Vom „Ramla l-Hamra Valley Estate" in Gozo werden die Chardonnay Trauben zur Herstellung des „Antonin Blanc" geerntet.

thony Cassar die Firma A. & G. Cassar ins Leben rief. Seit 1956 trägt die Kellerei den Namen Marsovin. Es handelt sich um einen Familienbetrieb, der seit seinem Bestehen den Weinbau in Malta wesentlich bestimmt.

Der wohl beste Wein Maltas ist der Grand Maître, ein herausragender Rotwein, der aus den Trauben des nur 1,1 ha großen „Ghain Rihana Estate" gekeltert wird. Jeder Jahrgang wird einem der Großmeister des Johanniterordens gewidmet. Die erste Ernte wurde im Jahr 1998 eingebracht und schon jetzt werden hohe Liebhaberpreise bezahlt.

Marsovins Weinkeller

tigt, um herausragende Weine zu produzieren.
Der Weinbau in Malta hat sich somit in den letzten Jahren hervorragend entwickelt. Mit Unterstützung der maltesischen Regierung werden mehr und mehr Flächen genutzt. So werden beispielsweise Zuschüsse gezahlt, um nicht genutzte oder bisher anderweitig genutzte landwirtschaftliche Flächen für den Weinbau zu kultivieren.
Die Nachfrage nach hochwertigen maltesischen Weinen wächst stetig. Marsovin hat sich zum Ziel gesetzt, darauf zu antworten und die Weine für Liebhaber und Kenner in Malta, Deutschland und ganz Europa zugänglich zu machen.

Marsovin hat als erste Kellerei die Traubensorte Cabernet Sauvignon in Malta eingeführt und in den Weingärten bei Wardija angebaut. Dieses war ein historischer Schritt, da erstmals eine edle Weinsorte geerntet wurde.
Der Erfolg dieses Weines zeigte Maltas Potential außerordentlich gute Weine zu erzeugen. Durch den Erfolg ermutigt wurden mehr und mehr Rebstöcke angepflanzt. In den letzten 10 Jahren hat sich die Landschaft infolgedessen verändert. Viele Gebiete, die früher trocken und unfruchtbar waren, werden jetzt für den Weinbau genutzt.
Wein wird in Malta auf teilweise sehr kleinen, mit Steinmauern umgebenen Feldern angebaut. Diese liegen sowohl in den Ebenen als auch terrassiert an den Berghängen von Malta und Gozo. Die Steinmauern dienen als Windschutz.
Marsovin besitzt eigene Weingärten, kauft aber auch Trauben von über 400 Weinbauern hinzu. In Deutschland kennen wir den Qualitätswein, in Frankreich die AOC Klassifizierung. Marsovin produziert neben anderen „Single Estate Selection Wines", d.h. Weine, die ausschließlich aus Trauben eines ganz bestimmten Weingartens hergestellt werden.
Hohe Investitionen wurden getä-

Liköre

Niemand sollte die Inseln verlassen, ohne die maltesischen Liköre probiert zu haben.
Die maltesische Firma Madlien stellt eine große Anzahl qualitativ hochwertiger Liköre her. Unter dem Namen „Zeppi's" werden Liköre angeboten, die nach überlieferten Rezepturen aus der Zeit der Kreuzritter hergestellt werden.
Der Kaktusfeigenlikör „Bajtra" ist eine dieser Köstlichkeiten. Ende des 15. Jahrhunderts wurde die als Kaktusfeige bekannte Opuntia ficus indica aus Amerika in den Mittelmeerraum eingeführt und

St. Angelo wurde 1530, als die Ordensritter des Johanniter-Ordens Malta erreichten, der Palast ihres Großmeisters

fand ihren Weg auch nach Malta und Gozo, wo sie sich schnell vermehrte und bald ein fester Bestandteil der Landschaft mit ihren typischen Natursteinmauern wurde. Zunächst von den Kreuzrittern vornehmlich wegen ihrer Feuchtigkeit spendenden Eigenschaften genutzt wurde die Kaktusfeige, oder auch „Bajtra" auf Maltesisch, schon bald wegen ihres verführerischen Duftes und einzigartigen Geschmacks zur Zubereitung einer Vielzahl maltesischer Spezialitäten verwendet, nicht zuletzt auch für „Zeppi's Bajtra" Likör.
Ein besonderer Genuss, leicht gekühlt, auf Eis, pur oder als Longdrink.

Seit alters her galt Honig als Heilmittel für zahlreiche Krankheiten und wurde für medizinische Zwecke mit Alkohol versetzt. Daraus entstand ein dermaßen wohlschmeckendes Getränk, dass es eine maltesische Tradition wurde Honiglikör herzustellen. Diese wurde von der Firma Madlien in einer Weise aufgenommen und fortgeführt, auf die die Kreuzritter stolz gewesen wären.
Anis ist eines der ältesten kultivierten Gewürze und wurde schon von den alten Ägyptern, Griechen und Römern geschätzt. „Anisette" Likör wurde immer schon als eine Spezialität betrachtet, die nur bei Hochzeiten und zu anderen besonderen Gelegenheiten serviert wird. Dieser traditionelle maltesische Likör wird nach alter Rezeptur aus Anissamen und aromatischen, in Malta wachsenden Kräutern hergestellt. Man kann ihn pur oder als erfrischenden Longdrink mit Wasser, Limonade, Cola oder Tonic trinken. Dieser Likör passt auch gut zu verschiedenen Fruchtsäften, wie z.B. Orange, Ananas und Schwarze Johannisbeere.
Schwarzer Kaffee mit einem Schuss „Anisette" Likör ist ein Teil maltesischer Tradition.

Die „Il-Fatra"-Stiftung für die kulinarische Kultur Maltas

Der Reichtum des kulinarischen Erbes eines Landes entsteht aus seinem Ursprung und der weiteren Entwicklung, die im Laufe der Zeit durch Handel und Wirtschaftswachstum beeinflusst wird. Die „Il-Fatra"-Stiftung hat sich zum Ziel gesetzt, das einmalige kulinarische Erbe Maltas zu fördern, die Verbindung semitischer Wurzeln mit europäischen Einflüssen. Die maltesische Kochkultur erreichte ihren Höhepunkt im 18. Jahrhundert, den es noch bis heute zu übertreffen gilt.

Eine Förderung soll durch Lehrtätigkeiten und aktive Teilnahme in den Bereichen Geschmacksentwicklung und Esskultur erreicht werden. Andere Initiativen beinhalten „Probier-Workshops", Tagungen zum Thema „kulinarisches Erbe" und unterhaltsame Informationsaktionen mit Multimediaeinsatz.

Sitz der Stiftung ist die „Ir-Razzett L-Antik", eine 400 Jahre alte Mühle, die inzwischen restauriert wurde und sich heute auf die traditionelle Küche des 18., Jahrhunderts spezialisiert hat. Die Mühle befindet sich im Dorf Qormi, das für seine Brotbackweise nach alter Tradition bekannt ist und zu Recht seit mehr als 500 Jahren als das Dorf der Bäcker gilt

„1743" Ir-Razzett L'Antik Kulinaria- und Tagungszentrum

Die im mittelalterlichen Dorf Qormi gelegene Getreidemühle wurde gebaut, um die Bäcker mit Mehl zu versorgen. Heutzutage wird das restaurierte Gebäude als Kulinaria- und Tagungszentrum genutzt.

Das „1743 Ir-Razzett l-Antik Culinary and Conference Centre", das einige der schönsten und ältesten Traditionen und 600 Jahre kulinarischen Erbes vereinigt, organisiert Veranstaltungen im Bereich „MICE" (Management, Incentive, Conference and Events), ebenso sind private Gäste angesprochen, die das besondere, rustikale Ambiente suchen.

250 Gäste finden in dem Gebäude Platz. Hier erhalten sie einen Eindruck maltesischer Traditionen und ländlicher Kochweise, in der alte Rezepte aus der glanzvollen Zeit des Ordens des St. John, exotische Gewürze und einmalige

Sitz der „Il-Fatra"-Stiftung in einer 400 Jahre alten Mühle

Zutaten wieder Verwendung finden. Vor diesem Hintergrund verbindet die Küche alte und neue Kochmethoden, nutzt die Kunst des Marinierens, schonende Zubereitung und moderne Methoden zur Haltbarmachung und erhält damit den einzigartigen ursprünglichen Geschmack der maltesischen Landküche.

Unter dem Kulinaria-Zentrum selbst befinden sich großzügige Souterrain-Räume, die mit dem Fahrstuhl zugänglich sind. So ist hier ein Weinkeller untergebracht, der eine große Auswahl an maltesischen Weinen von verschiedenen lokalen Erzeugern beherbergt. Eine Multi-Media-Ausstellung zeigt die Befestigungsanlagen der Insel, ein Tagungsraum, ausgestattet mit elektroakustischer Anlage bietet auf 150 wie im Theater angeordneten Sitzen Platz.

In diesem historischen Gebäude mit seinen phantastischen Räumlichkeiten befindet sich auch die neue Kochschule von Rainer Mitze.

In Kochkursen zum Selbstkochen und Genießen stellt der Starkoch seine maltesische Küche vor. Dabei bewahrt er zum einen die traditionelle maltesische Küche in all ihren Facetten, wie wir sie hier vorgestellt haben, gibt zum anderen aber dieser seit Generationen überlieferten, sehr ursprünglichen Küche durch die Kombination mit anderen kulinarischen Stilrichtungen und die Verwendung von Produkten aus anderen Regionen ein modernes Gesicht und seine ganz individuelle Note.

Die Basis bilden natürlich einheimische maltesische Zutaten: so findet sehr viel frisches Obst und Gemüse Verwendung – in zahlreichen Rezepten dürfen maltesische Feigen und Tomaten nicht fehlen. Auch Fisch und Kaninchen dürfen nicht fehlen.

Auch die verschiedenen Kulturen, die die maltesische Küche geprägt haben, sind in den Rezepten des durch das „Kochduell" bekannt gewordenen Kochs wieder zu finden. So spiegelt sich in seinen Pasta-Rezepten der italienische Einfluss wieder, Gebäck und viele Desserts sind auf das arabische Erbe zurückzuführen.

Eingang finden vor allem auch die positiven Elemente der Mittelmeerküche, wie die Verwendung von Olivenöl (natürlich am

Im familiären Ambiente des „Ir-Razzett L'Antik" servieren die Kellner in Tracht die Speisen in Weidenkörben an Holztischen.

besten maltesisches...), sanftes Garen, etc.

Das Besondere an seiner neuen maltesischen Küche ist, dass Rainer Mitze weitere kulinarische Stilrichtungen einbaut und traditionelle Zutaten in eine neue Form bringt. So verbindet er auf perfekte Weise maltesische Artischocken mit Trüffeln aus Var in Südfrankreich, knackiger Rucola wird zu einem erfrischenden Gazpacho und der beliebteste maltesische Fisch bildet als Lampuki-Tatar die Beilage zu einem Risotto.

Die Kochkurse sind eine Einladung an alle Urlauber, die während ihres Aufenthalts auf dem Archipel zu Liebhabern der maltesischen Küche geworden sind, und an Hobbyköche, die sich für neue kulinarische Stilrichtungen begeistern, sie werden aber auch für Geschäftsleute als Event organisiert. Nach getaner Arbeit und nachdem die „Kochschüler" von Rainer Mitze in die Geheimnisse der modernen mediterranen Küche eingeweiht worden sind, genießt man das Ergebnis mit den dazu passenden einheimischen Getränken: Liköre von Zeppi bieten sich als Aperitif oder Digestif an, Weine von Marsovin runden die Mahlzeit ab. Biere und Kinnie sind erfrischende Getränke zu vielen Gerichten.

Wer zu Hause seine neu erworbenen Kochkünste gleich noch einmal ausprobieren möchte, erhält im zur Kochschule gehörenden Gourmetshop alle notwendigen Zutaten und passenden Getränke – und natürlich Unterstützung und Anregung durch die Rezepte

auf den folgenden Seiten. Auch allen Zu-Hause-Gebliebenen wünschen wir viel Spaß beim Ausprobieren – vielleicht bekommen Sie Lust, die neue maltesische Mittelmeerküche von Rainer Mitze einmal vor Ort kennen zu lernen!

◄ Im historischen Ambiente des Ir-Razzette L'Antik" befindet sich auch die neue Kochschule von Rainer Mitze.

Rezepte

Falls nicht anders angegeben, gelten die Rezepte für 4 Personen bzw. für 4 Portionen

Vorspeisen

Suppen

Salate

Kleine Gerichte

Lampukisuppe

Für den Fischsud
500 g Fischgräten
1 Zweig Sellerieblätter
1 Lorbeerblatt
je 1/2 TL getrockneter Thymian und Oregano
500 g küchenfertiger Lampuki (ohne Gräten und Haut)
2 EL schwarze Pfefferkörner

Für die Suppe
200 g Weissbrot
1 grosse Zwiebel
3 grosse reife Tomaten
2 Knoblauchzehen
6 EL Olivenöl, kaltgepresst
10 geschälte Mandeln
1 Prise Safran
Salz
Schwarzer Pfeffer, frisch gemahlen
1 Prise Zimt

Die Fischgräten mit dem Sellerie, den Gewürzen und 200 g von dem Lampuki in einen Topf geben. Die Pfefferkörner zerdrücken und dazugeben. Mit 1 l Wasser zum Kochen bringen und zugedeckt etwa 15 Minuten kochen. 100 g Weißbrot würfeln, in eine Tasse geben und mit etwas Sud begießen.

Die Zwiebeln schälen und hacken. Die Tomaten kochendheiß überbrühen, häuten, halbieren und die Stielansätze entfernen. Die Tomaten würfeln. Den Knoblauch schälen. 2 EL von dem Olivenöl erhitzen. Die Zwiebeln, eine durchgepresste Knoblauchzehe und die Tomaten darin etwa 10 Minuten bei mittlerer Hitze braten.

Die Mandeln in einer Pfanne ohne Fett bei mittlerer Hitze unter ständigem Wenden rösten, bis sie angenehm zu duften beginnen. Aus der Pfanne nehmen und im Mörser zerdrücken.

Die restliche Knoblauchzehe klein schneiden und mit dem Safran zu den Mandeln geben. Alles zu einer feinen Paste zerstoßen und 1 bis 2 EL von dem Fischsud unterrühren. Den Fischsud durch ein feines Sieb gießen. Die Fischgräten wegwerfen.

Den mitgekochten Lampuki mit dem eingeweichten Brot und wenig Sud im Mixer pürieren. Das Tomatenmus unterrühren und kurz mitmixen. Die Masse mit dem restlichen passierten Sud noch einmal aufkochen lassen. Die Mandelmischung dazugeben und alles etwa 10 Minuten kochen.

Den restlichen Lampuki in kleine Würfel schneiden und in 1 EL Olivenöl etwa 5 Minuten marinieren. Inzwischen das restliche Weißbrot klein würfeln und im restlichen Olivenöl bei mittlerer Hitze goldgelb rösten. Die Suppe mit Salz, Pfeffer und dem Zimt abschmecken.

Die Fischstücke in die Suppe geben und bei schwacher Hitze etwa 5 Minuten ziehen lassen. Die Fischsuppe portionsweise anrichten und mit den Brotwürfelchen servieren.

Gelbe Paprikasuppe mit Avocado-Öl

10 gelbe Paprikaschoten
2 Schalotten, fein geschnitten
Olivenöl zum Andünsten
40 ml Noilly Prat
1 Thymianzweig
Salz, Zucker, Tabasco
100 ml Avocado-Öl

1/2 Avocado, in dünnen Scheiben
1 rote Paprikaschote, in feinen Streifen;
Paprika-Abschnitte reservieren
Salz, Pfeffer
4 EL Olivenöl
4 Baguette-Scheiben, der Länge
nach geschnitten

Die Paprikaschoten entkernen und entsaften. In einem hohen Topf die Schalotten in etwas Olivenöl andünsten, mit Noilly Prat ablöschen und mit dem Paprikasaft (etwa ein Liter) auffüllen. Den Thymianzweig dazugeben und bei kleiner Hitze um rund die Hälfte einköcheln lassen, bis der Paprikageschmack ausreichend konzentriert ist. Mit Salz, einer Prise Zucker und Tabasco abschmecken und warm stellen.

Avocadoscheiben und Paprikastreifen in Olivenöl anbraten, würzen und warm stellen. Die Paprika-Abschnitte in Olivenöl weich schmoren, mit etwas Olivenöl pürieren, auf die Baguettescheiben streichen und unter dem Grill oder im Ofen knusprig braten.

Vor dem Servieren die Suppe noch einmal erhitzen und mit dem zimmerwarmen Avocado-Öl sehr schaumig aufmixen. Avocadoscheiben und Paprikastreifen auf heiße Teller verteilen, die Suppe dazugießen und mit einem Löffel Avocado-Öl „garnieren". Mit dem Knusper-Baguette servieren.

Artischockensalat mit Trüffel

4 violette Artischocken, geputzt
2 Champignons
40 g feste Sommertrüffel (kommen im Juni/Juli aus Var in Südfrankreich)
20 Basilikumblätter, in Streifen geschnitten
Olivenöl, Zitronensaft, Trüffeljus
Salz, Pfeffer

Artischocken und Champignons in sehr dünne, die Trüffel in etwas dickere Scheiben schneiden. Mit dem Basilikum mischen und mit Olivenöl, Zitronensaft, Trüffeljus, Salz und Pfeffer anmachen.

Gefüllte Zucchini-Blüten in Zucchini-Minze-Suppe

Zutaten für 10 Portionen

10 Zucchini-Blüten
2 Schalotten, fein geschnitten
1 grüner Zucchino, gewürfelt
1 gelber Zucchino, gewürfelt
Butter zum Andünsten
400 g Taschenkrebsfleisch oder
gekochte Shrimps zerkleinert
abgeriebene Schale je einer Limone,
Zitrone und Orange
1 EL Basilikum, fein geschnitten
1 EL Estragon, fein geschnitten
1 g Knoblauch-Paste
Salz, Pfeffer

Für die Suppe
6 Zucchini (etwa 1 kg)
1 Schalotte, fein geschnitten
30 g Pfefferminze
10 g Butter
50 ml Olivenöl
50 ml Muschelsaft oder Weisswein

Schalotten, grüne und gelbe Zucchiniwürfel in Butter weich dünsten. In eine Schüssel umfüllen, Taschenkrebsfleisch, abgeriebene Schale von Limone, Zitrone und Orange, Basilikum, Estragon und Knoblauchpaste dazugeben und die Mischung mit Salz und Pfeffer abschmecken.

In die Zucchiniblüten füllen und vor dem Anrichten über mit Eisenkraut aromatisiertem Dampf garen.

Die Zucchini für die Suppe der Länge nach halbieren, die Kerne entfernen und die Hälften in 2 mm dicke halbmondförmige Scheiben schneiden. Die Zucchinikerne, eine geschnittene Zucchini und die Zwiebeln mit 200 ml Wasser aufkochen, 15 Minuten köcheln lassen und den Fond passieren.

Die Zucchinischeiben weich dünsten, zum Schluss die Pfefferminzblätter dazugeben, in Eiswasser abschrecken und abtropfen lassen. Im Mixer mit Butter und Olivenöl bei hoher Geschwindigkeit pürieren. Durch ein Sieb passieren und so viel Muschelsaft und Zucchinifond dazugeben, bis die Suppe die richtige Konsistenz hat.

Mit dem Stabmixer kurz aufrühren, auf Teller verteilen und mit den gefüllten Blüten anrichten.

Kokossuppe mit Tamarillo und gebackener Pfefferminze

400 g ungesüsste Kokoscreme (aus der Dose)
50 g Läuterzucker (Zuckersirup)
30 cl Limonensaft
abgeriebene Schale einer Limone
50 cl Batida de Coco (Kokoslikör)
20 cl Tamarindensaft
3 kleine Pfefferminzblätter, fein geschnitten
1 Handvoll Eiswürfel
4 dünne Tamarillo-Scheiben
4 fritierte Pfefferminzblätter
50 g Kokosflocken, geröstet

Tipp Rainer Mitze kocht für seinen Läuterzucker einen Liter Wasser mit 800 g Zucker acht Minuten.

Kokoscreme, Läuterzucker, Limonensaft und -schale, Batida de Coco, Tamarindensaft, geschnittene Pfefferminze und die Eiswürfel in den Elektromixer geben und gut aufschlagen. In Portionsschalen umfüllen, mit den Tamarillo-Scheiben, der frittierten Minze und den Kokosflocken garnieren.

Weiße Tomatenschaumsuppe

500 g vollreife Tomaten
1 l Geflügelfond
2 EL Olivenöl
Salz, weisser Pfeffer
2 Schalotten, fein gewürfelt
2 EL Olivenöl
1 Knoblauchzehe, gehackt
100 ml Weisswein
150 ml Sahne
50 g Butter
3 EL geschlagene Sahne

Die gewaschenen und geviertelten Tomaten mit Geflügelfond, Olivenöl, Salz und Pfeffer in einen Mixer geben und fein pürieren. Das Ganze einmal aufkochen lassen. Anschließend in ein Küchentuch geben und den klaren Tomatensaft auffangen.

Schalottenwürfel in heißem Olivenöl mit fein gehackten Knoblauch glasig dünsten. Mit dem Weißwein ablöschen, mit dem klaren Tomatensaft auffüllen und etwas einkochen lassen.

Die Sahne zugeben und um 1/3 reduzieren. Mit einem Stabmixer die kalten Butterwürfel unterarbeiten. Zum Schluss die geschlagene Sahne dazugeben und mit Salz und weißem Pfeffer abschmecken.

Bonito-Igelchen auf Zitruschutney

600 g Bonito (Thunfisch),
in grobe Würfel geschnitten
Abrieb von 1 Zitrone
Abrieb von 1 Orange
20 g Kapern, fein gehackt
Salz, Pfeffer
50 g Kinnie
2 EL Olivenöl
200 g Spaghetti roh, grob geschrotet
2 dl Öl zum Frittieren

Zitruschutney
150 g Zucker
2 EL Honig-Likör
3 rote Zwiebeln, in Spalten geschnitten
1/2 TL rote Pfefferbeeren
Filets und Saft von 4 Blutorangen
Filets und Saft von 4 Zitronen
Salz
Pfeffer
4 Blatt Minze, fein geschnitten

Die Bonitowürfel mit allen Zutaten marinieren und 1 Stunde kalt stehen lassen.

Danach in den geschroteten Spaghetti panieren und in heißem Öl frittieren.

Für das Zitruschutney Zucker und Honig-Likör glasieren. Dann die Zwiebeln darin anschwitzen. Mit Zitronen- und Orangensaft ablöschen und einkochen lassen. Orangen- und Zitronenfilets zugeben und abschmecken.

Die Pfefferbeeren und die Minze untermischen und abkühlen lassen.

Alles zusammen servieren.

Bohnen-Krebssalat mit Calamaretti und Rote Bete

4 kleine Knollen Rote Bete, gekocht
300 g italienische weisse Bohnen, weich gekocht
16 Krebse
2 l Court-Bouillon (Brühe aus Wasser mit Wein, Zwiebeln, Möhren, Dill, Lorbeerblatt, Petersilienstielen, Salz, Pfeffer- und Pimentkörnern)
8 Calamaretti (kleine Tintenfische)
1 dl Olivenöl
1 Knoblauchzehe, zerdrückt
Meersalz

Für die Vinaigrette

Saft von vier Orangen (ca. 2 dl)
1 Nelke
1 Sternanis
1 Msp. Ingwer, frisch gerieben
1 TL Bitterorangen-Konfitüre
2 EL Olivenöl
1 EL Traubenkernöl
Saft einer halben Zitrone
einige Spritzer Champagner-Essig
Salz, Pfeffer
1 Bund Estragon, fein geschnitten

Für die Vinaigrette den Orangensaft mit Nelken, Sternanis, einer Messerspitze Ingwer und Konfitüre einkochen, bis die Mischung leicht zu binden beginnt. Abkühlen lassen. Oliven- und Traubenkernöl, Zitronensaft und einige Spritzer Champagner-Essig einrühren, mit Salz und Pfeffer abschmecken und zum Schluss den Estragon dazugeben.

Die Rote Bete schälen, in Würfel schneiden und mit zwei Esslöffeln Vinaigrette marinieren. Die weißen Bohnen mit etwas Vinaigrette anmachen, eventuell mit Salz und Pfeffer nachwürzen.
Die Krebse in der Court-Bouillon zwei bis drei Minuten kochen, die Schwänze ausbrechen und die Därme entfernen. Die Scheren mit Hilfe einer Kasserolle zerdrücken, mit zwei bis drei Esslöffeln Vinaigrette mischen, fest auspressen und den Saft durch ein Haarsieb über die Krebsschwänze passieren. Die Calamaretti unter fließendem kalten Wasser häuten, Rückgrat entfernen und gut waschen. In feine Streifen schneiden (die Arme ganz lassen) und in heißem Olivenöl mit dem zerdrückten Knoblauch sehr kurz sautieren. Mit Meersalz, Pfeffer und Orangen-Vinaigrette würzen.

Die weißen Bohnen mit den Krebsen in der Tellermitte anrichten, Rote-Bete-Würfel und Calamaretti ringsherum verteilen, mit etwas Meersalz bestreuen und mit der restlichen Vinaigrette beträufeln.

Orangensalat

2 saftige Orangen
1 kleine Fenchelknolle (150 g)
2 kleine weisse Zwiebeln
1 TL frischer Rosmarin
1 EL Weissweinessig
4 EL Olivenöl
Salz, Pfeffer aus der Mühle

2 Orangen rundum dick abschälen, dabei auch die weiße Haut entfernen. Saft in einem Schüsselchen auffangen. Die Orangen in 1/2 cm dicke Scheiben schneiden, eventuell vorhandene Kerne entfernen. Orangenscheiben auf einer großen Platte ausbreiten.

Fenchelknolle putzen, die harten äußeren Teile entfernen. Fenchelgrün zum Garnieren beiseite legen. Das zarte Fenchelherz in kleine Würfelchen schneiden. 2 Zwiebeln in sehr feine Ringe schneiden.
Aufgefangenen Orangensaft mit 1 EL Weißweinessig und 4 EL Olivenöl verquirlen. 1 TL Rosmarin fein hacken, untermischen. Mit Salz und Pfeffer abschmecken.

Fenchelwürfelchen gründlich in der Sauce wenden, herausnehmen und auf den Orangenscheiben verteilen. Zwiebelringe aufstreuen, die restliche Sauce über den Salat träufeln.

Brotsalat

750 g altbackenes Maltesisches Weissbrot
2 grosse, rote Zwiebeln
4 Salattomaten (noch fest)
2 Stangen Staudensellerie
1 Gurke
15-20 Basilikumblätter
Salz, Pfeffer
1/2 Tasse Olivenöl
3-4 EL Weinessig

Das Weißbrot in kleine Stücke teilen, mit Wasser befeuchten. Wenn es gut durchgeweicht ist, kräftig ausdrücken und zerpflücken. Dann in eine Salatschüssel geben. Zwiebeln, Tomaten, Staudensellerie und die geschälte Gurke in kleine Stücke schneiden. Die Hälfte des Basilikums mit den Fingern klein zupfen (beim Schneiden verliert er sonst seinen aromatischen Duft). Salzen und mit viel frisch gemahlenem Pfeffer würzen. Das Olivenöl darüber gießen. Für 3 – 4 Stunden kühl stellen.

Vor dem Servieren den Weinessig untermischen, mit dem restlichen Basilikumblättern das Aroma verfeinern und nachwürzen. Kühl servieren.

Auberginenmus

800 g Auberginen
120 g Tahina (Sesampüree)
8 ml Zitronensaft
40 g frischer Knoblauch, geschält und gepresst
Salz
40 ml Olivenöl

40 g Grantapfelkerne
Minzeblätter
Pita- oder Fladenbrot

Die Auberginen grillen, bis die Haut dunkel wird. Auf ein Blech legen, im 220° C heißen Ofen weich garen, über Nacht abkühlen lassen, auslösen und im Mixer pürieren. Dabei nach und nach Tahina und einen Teelöffel Olivenöl dazugeben. Mit Zitronensaft, Knoblauch und Salz abschmecken.

Das Pita- oder Fladenbrot im 220 °C heißen Ofen knusprig backen.

Das Auberginenmus in runden Portionen in die Mitte der Teller geben, mit einem Esslöffel kreisförmig leicht nach außen drücken und einen Löffel Olivenöl in die Mitte geben. Mit Granatapfelkernen und Minze garnieren und mit Knusperbrot servieren

Petersiliensalat mit Tomaten und Shrimps

400 g glatte Petersilie
80 g Minzeblätter
400 g Strauchtomaten
80 g Zwiebeln
40 g Bulgur (vorgekochte, gedarrte, grob oder fein geschrotete Weizenkörner)
80 ml Olivenöl
50 ml Limonensaft
Salz, Pfeffer

400 g Shrimps, gekocht, ohne Schale
1 Eisbergsalat oder Raddicio
100 g Parmesankäse, frisch gerieben

Die Petersilie gründlich waschen und trocken schleudern. Die Blätter abzupfen und sehr fein hacken. Die Minzeblätter fein schneiden. Die Tomaten enthäuten, entkernen und das Fruchtfleisch fein würfeln. Die Zwiebeln fein schneiden, Petersilie, Minze, Tomaten und Zwiebeln mit Bulgur mischen, mit Olivenöl und Limonensaft anmachen und mit Salz und Pfeffer würzen.

Den Salat auf Tellern anrichten, mit Petersiliensalat überziehen und mit Shrimps belegen. Mit Parmesan bestreuen.

Gefüllte Mini-Auberginen in Safranteig auf Tomatencoulis

4 Mini-Auberginen
2 feste, reife Tomaten
1 kleiner Zucchino
1 EL Olivenöl
1 TL Schalotten, fein gewürfelt
Salz, Pfeffer aus der Mühle
40 g Mozzarella
1 EL Toastbrotwürfel, geröstet
Thymian, fein geschnitten
Petersilie, fein geschnitten
30 g Strudelteig

Für den Strudelteig (ergibt 150 g)
100 g Mehl (Type 405)
8 g Öl
1 g Salz
3 EL Wasser
Öl zum Einstreichen
Mehl zum Ausrollen

Für den Safranteig
3 EL Weisswein
1 Msp. Safran
1 Spritzer Olivenöl
2 EL Mehl
Salz, Zucker
Fett zum Ausbacken

Für den Strudelteig das Mehl auf die Arbeitsplatte sieben und in der Mitte eine Mulde formen. Öl und Salz hineingeben, zusammen mit dem Wasser zu einem geschmeidigen Teig verkneten. Zu einer Kugel formen, die Oberfläche mit Öl einstreichen, in Klarsichtfolie einschlagen (dann zieht der Teig keine Haut und reißt nicht ein) und 30 Minuten kühl stellen. Ein Tuch auf der Arbeitsfläche auslegen. Tuch und Teigkugel gleichmäßig mit Mehl bestreuen. Den Teig auf dem Tuch so dünn wie möglich ausrollen. Mit beiden Handrücken unter den Teig fahren und ihn langsam und vorsichtig in Richtung Tischkante hauchdünn ausziehen.

Die Tomaten enthäuten, vierteln, Kerne entfernen und das Fruchtfleisch fein würfeln. Einen Esslöffel Tomatenwürfel für die Füllung reservieren, den Rest mit den Schalotten in Olivenöl andünsten und etwas einköcheln. Den Zucchino fein würfeln, in Olivenöl andünsten und mit den Tomatenwürfeln mischen. Die Coulis mit Salz und Pfeffer würzen. Sie soll zum Servieren Zimmertemperatur haben.

Die Auberginen der Länge nach halbieren und mit einem Ausstecher leicht aushöhlen. Für die Füllung den fein gewürfelten Mozzarella mit Tomaten- und Brotwürfeln, dem Thymian und der Petersilie mischen, mit Salz und Pfeffer abschmecken. Diese Masse in die Auberginenhälften füllen, formen und mit dem dünn ausgezogenen Strudelteig gut umhüllen. Für den Safranteig Weißwein mit Safran und Olivenöl verrühren, das Mehl zugeben und zu einem dickflüssigen Teig schlagen. Mit Salz und Zucker würzen. Die Auberginen in dem Teig drehen und im 170 °C heißen Fettbad rund vier Minuten backen.

Die Tomatencoulis auf Teller verteilen, die aufgeschnittenen Auberginen darauf anrichten und servieren.

Rotbarben-Timbale mit Artischocken, Oliven und Bohnenpüree

2 Stachel-Artischocken
Olivenöl
4 Rotbarbenfilets, ohne Gräten
Salz, Pfeffer
20 schwarze, entsteinte Oliven
Concassée aus einer Fleischtomate
140 g Cannellini,
zehn Stunden eingeweicht
4 Kirschtomaten,
im Ofen kurz geschmort

Die Artischockenböden auslösen, einen Boden halbieren, in Olivenöl dünsten und in kleine Würfel schneiden.

Den zweiten Boden in feine Scheiben schneiden, vor dem Anrichten in Olivenöl frittieren und auf Küchenkrepp abtropfen lassen.

Timbale-Formen mit Olivenöl auspinseln, die mit Salz und Pfeffer gewürzten Fischfilets hineinlegen und die Mitte mit Artischockenwürfeln, ganzen Oliven und Tomaten-Concassée ausfüllen. Mit Olivenöl beträufeln und 8-10 Minuten im 180 °C heißen Ofen garen.

Die Bohnen in Salzwasser kochen, abgießen und mit Olivenöl im Mixer fein pürieren; einige Bohnen für die Garnitur reservieren. Das Püree mit Salz und Pfeffer abschmecken. Auf Teller verteilen, Rotbarben-Timbale in die Mitte stürzen und mit Olivenöl, frittierten Artischocken, Oliven, Cannellini und geschmorten Kirschtomaten garnieren.

Gemüse-Beignets auf Kräuter-Coulis

100 g Karotten, gewürfelt
100 g Sellerie, gewürfelt
100 g Kohlrabi, gewürfelt
100 g feine grüne Bohnen, gewürfelt
50 g Butter
3 dl Gemüsebouillon
1 Prise Zucker
1 Msp. Knoblauch, gehackt
1 TL Kurkumapuder
1 Msp. Ingwerpuder
2 dl Crème double
1 Eigelb
200 g grosse Spinatblätter
1 EL Mehl
2 l Öl zum Backen

Für den Backteig
200 g Mehl
3 EL Olivenöl
3 dl Bier
Salz, Pfeffer, Muskat

Für die Kräuter-Coulis
Gemüsefond
100 g glatte Petersilie
50 g Bärlauch
1 dl Crème double

Das gewürfelte Gemüse in zerlassener Butter dämpfen, die Gemüsebouillon, Zucker, Knoblauch und Gewürze zugeben. Zudecken und fertig garen.

Das Gemüse auf einem Sieb abtropfen lassen und etwas von dem Fond für die Kräutersauce reservieren. Den restlichen Fond sirupähnlich einkochen. Vom Herd nehmen und das Eigelb kräftig einrühren. Das Gemüse wieder hineingeben, es sollte nur ganz kurz gebunden sein. Einige Stunden gut durchkühlen.

Die Spinatblätter blanchieren, gut abtrocknen und mit der Gemüsemasse füllen. Leicht mehlieren. Die Zutaten für den Backteig verrühren und die gefüllten Spinatblätter durch den Teig ziehen. In 180 °C heißem Öl knusprig ausbacken. Den reservierten Gemüsefond aufkochen, die gewaschenen Petersilien- und Bärlauchblätter dazugeben. Mit der Crème double kräftig durchmixen und abschmecken. Auf Teller verteilen und die Beignets anrichten.

Spinatblätter mit Honigkruste

500 g Spinat
2 Eier
50 g Honig
1 TL Zitronensaft
25 g Stärkemehl
50 g Mehl
250 ml Erdnussöl
grobkörniges Salz

Die Spinatblätter entstielen und mehrmals in frischem Wasser waschen. In einem Sieb abtropfen und in einem Tuch oder einem Stück Küchenkrepp trocknen lassen

4 l Wasser mit 1 Handvoll grobkörnigem Salz zum Kochen bringen. Dann eine große Schüssel mit Eiswasser vorbereiten.

Sobald das Wasser kräftig sprudelt, die Spinatblätter hineingeben. Mit einem Schaumlöffel sofort wieder herausnehmen und in die Schüssel mit dem Eiswasser geben. Anschließend gleich in ein Sieb abgießen. Dabei darauf achten, dass sie nicht zu sehr zusammengedrückt werden. Zum Trocknen auf ein Tuch oder ein Stück Küchenkrepp geben.

Die Eier gründlich verschlagen. Nun eine große Pfanne vorbereiten.

Das Öl hineingießen und auf mittlerer Flamme erhitzen. Jeweils 3 oder 4 Spinatblätter zu flachen Päckchen formen. Zunächst in Mehl und dann in den geschlagenen Eiern wenden. Die Päckchen dann nach und nach in das heiße Öl geben.

Mit dem Schaumlöffel wenden und darauf achten, dass sie nicht beschädigt werden. Die Päckchen anschließend aus der Pfanne nehmen und auf ein Stück Küchenkrepp legen.

Den angewärmten Honig mit dem Zitronensaft verrühren und die Spinatpäckchen damit bepinseln. Das Stärkemehl in ein Haarsieb geben und die Päckchen gleich nach dem Bepinseln damit bestäuben.

Es bildet sich dann sofort eine knusprige Kruste.

Dazu kann man Olivenöl mit Honig und Zitronensaft und Kichererbsenmus mit Pinienkernen servieren.

Ofentomaten-Törtchen

Für eine 0,5-Liter-Form

10 reife rote Tomaten
Salz, Pfeffer
Thymian, fein gehackt
Rosmarin, fein gehackt
Knoblauchzehen,
in feine Scheiben geschnitten
Olivenöl
3 1/2 Gelatineblätter
1/4 l Tomaten-Consommé

Die Tomaten blanchieren, schälen, vierteln und entkernen. Auf ein Backblech legen, salzen und pfeffern.

Mit Thymian und Rosmarin bestreuen, die Knoblauchscheiben auf den Tomaten verteilen und alles mit Olivenöl beträufeln.

Im 80 °C heißen Ofen etwa 3 Stunden schmoren. Herausnehmen und auf einem Tuch abtropfen lassen.

Die eingeweichten, gut ausgedrückten Gelatineblätter in der Tomaten-Consommé auflösen. Die Terrinenform auf Eis stellen, die Tomaten und die gelierende Consommé abwechselnd einfüllen, im Kühlschrank fest werden lassen und mit dem Elektromesser aufschneiden.

Gratinierte Pilze aus den Grotten

250 g Spinat
25 g Butter
Salz, Pfeffer aus der Mühle
250 g Champignons
250 g Austernpilze
2 Schalotten, fein geschnitten
30 g Butter
4 Eigelb
2 EL Weisswein
2 EL Pilzfond

Für die Sauce

0,1 l Pilzfond
0,1 l Trüffelsaft
80 g Butter
Salz, Pfeffer aus der Mühle

Den geputzten, gewaschenen Spinat kurz blanchieren, abschrecken und abtropfen lassen. In Butter heiß schwenken und würzen. Die geschnittenen Pilze mit den Schalotten in Butter andünsten und würzen. Den Spinat in vier Zylinderformen (Durchmesser: 7 cm) geben und mit den angedünsteten Pilzen bedecken.

Eigelb mit Weißwein und Pilzfond zu einem Sabayon aufschlagen und auf die Formen verteilen. Im 160 °C heißen Ofen 12 Minuten backen.

Für die Sauce den Pilzfond mit dem Trüffelsaft reduzieren, mit der kalten Butter aufmontieren, mit Salz und Pfeffer abschmecken. Die Pilz-Gratins aus den Formen nehmen und auf warmen Tellern mit der Sauce anrichten.

Meeresfrüchte-Salat

500 g Tintenfisch
100 g gekochte, geschälte Garnelen
2 Zitronen
1 Bund glatte Petersilie
1 TL frischer Oregano
1-2 rote, eingelegte Peperonischoten
2 Knoblauchzehen
5 EL bestes Olivenöl
Salz, Pfeffer aus der Mühle

Den Tintenfisch vorbereiten. Unter fließendem Wasser gründlich waschen, die dünne Haut abziehen. Kopf und Innereien nach außen stülpen und abschneiden.

In einem Topf 1 l Wasser mit dem Saft von 1/2 Zitrone und 1/2 TL Salz aufkochen. Den geputzten Tintenfisch hineingeben, zugedeckt etwa 30 Min. weichköcheln (Garprobe mit einem Spießchen machen). Abgießen und abtropfen lassen. Tentakel etwas zerkleinern, Tintenfischmantel in feine Ringe schneiden. Mit den Garnelen in einer Schüssel mischen.

Für die Marinade Peperonischoten entkernen und in feine Ringe schneiden, 2 Knoblauchzehen hacken. 2-3 EL Zitronensaft mit 5 EL Olivenöl kräftig verquirlen. Peperoniringe und Knoblauch einrühren, mit Salz, Pfeffer und Oregano würzen.

Tintenfisch und Garnelen mit der Marinade begießen, gründlich mischen und im Kühlschrank mindestens 2 Stunden durchziehen lassen.

Etwa 15 Minuten vor dem Servieren aus dem Kühlschrank nehmen. Petersilie sehr fein hacken, unterrühren. Salat nochmals mit Salz, Pfeffer und eventuell Zitronensaft abschmecken. Mit Zitronenschnitzen garnieren.

Lauwarmer Rotbarben-Salat mit Mangold und Löwenzahn

12 kleine Rotbarben
1 dl Olivenöl,
mit Zitronensaft aromatisiert
Saft einer unbehandelten Zitrone
Mangoldblätter
1 Fenchelknolle
Olivenöl
100 g wilder Löwenzahn, geputzt
Meersalz
Pfeffer
1 TL Basilikum in Olivenöl

Die Rotbarben sorgfältig filetieren, in eine ofenfeste flache Form legen, mit dem aromatisierten Olivenöl einpinseln und vier bis fünf Minuten im 220 °C heißen Ofen garen. Die Filets herausnehmen, den Bratfond mit dem Zitronensaft ablöschen und zur Seite stellen. Vor dem Anrichten den Bratfond erwärmen und mit dem restlichen Zitronen-Olivenöl zur Sauce verrühren.

Die Mangoldblätter kurz blanchieren, in Eiswasser abschrecken und auf Küchenkrepp abtropfen lassen. Den Fenchel in dünne Scheiben schneiden, leicht salzen und in Olivenöl bei milder Hitze langsam garen.

Mangold und Löwenzahn auf Teller verteilen, mit der Sauce überziehen und mit einer Prise Meersalz und etwas Pfeffer aus der Mühle bestreuen. Die Fenchelscheiben in die Mitte setzen. Die Rotbarben rundherum auf dem Salat anrichten und mit ein wenig Basilikum in Olivenöl würzen.

Rosmarin-Olivenöl-Gelee mit Kartoffeln und Zwiebelschaum

1 grosse Kartoffel für die Chips, geschält
3 grosse Kartoffeln, fest kochend
Meersalz
Balsamico-Essig
2 dl Extra-Vergine-Olivenöl
2 Knollen Rote Bete
1 Gemüsezwiebel
1 dl Sahne
2 dl Geflügelfond
2 EL geschlagene Sahne
Salz, Pfeffer
1 Rosmarinzweig
2 Blatt Gelatine

Die Kartoffeln schälen und so in Form schneiden, dass kleine Würfel entstehen. Die Kartoffelwürfel in Meersalzwasser al dente garen.

Für die Chips mit der Aufschnittmaschine aus einer Kartoffel 8 dünne Scheiben schneiden, auf vier Scheiben einen Tropfen Balsamico-Essig geben und mit den restlichen Scheiben abdecken. Die Scheiben vor dem Anrichten in der Hälfte des Olivenöls frittieren und auf Küchenpapier abtropfen lassen.

Die Rote Bete kochen und pellen, zwei Knollen in den Entsafter geben, den Saft durch ein feines Sieb passieren und sirupähnlich einkochen. Die Zwiebel grob schneiden, in Sahne und Geflügelfond weich kochen, im Mixer pürieren, die Schlagsahne dazugeben, abschmecken und noch einmal aufmixen.

Das restliche Olivenöl mit dem Rosmarinzweig erhitzen, etwas ziehen lassen. Die eingeweichte, ausgedrückte Gelatine im Öl auflösen und mit dem Schneebesen gut durchrühren. Fünf Millimeter hoch in eine flache Form gießen, im Tiefkühler fest werden lassen und direkt vor dem Servieren in Würfel schneiden.

In die frittierten Kartoffelwürfel ein bis zwei Tropfen Balsamico-Essig geben, mit dem Zwiebelschaum füllen und auf Tellern anrichten. Rundherum die frittierten Kartoffelscheiben, die Rote-Bete-Chips und das Olivenöl-Gelee verteilen. Mit Balsamico-Essig, Zwiebelschaum und Rote-Bete-Sirup garnieren.

Kartoffel-Crostini mit Olivencreme

100 g schwarze, entsteinte Oliven
1 EL Kapern
1 EL Pinienkerne
2 TL Tomatenmark
4 EL Olivenöl
1 TL Aceto balsamico
weisser Pfeffer, frisch gemahlen
4 längliche,
möglichst flache Kartoffeln

Die Oliven mit den Kapern, den Pinienkernen, dem Tomatenmark und 2 EL Öl im Mixer oder mit dem Pürierstab fein zerkleinern. Die Creme mit dem Aceto balsamico und Pfeffer abschmecken.

Die Kartoffeln schälen (oder junge Kartoffeln ungeschält verwenden) und der Länge nach halbieren. Das übrige Öl in einer Pfanne erhitzen. Die Kartoffeln hineingeben und bei mittlerer Hitze zugedeckt etwa 7 Minuten braten. Dann die Kartoffeln wenden und offen noch einmal 7 Minuten braten, bis sie weich und schön gebräunt sind.

Die Kartoffeln eventuell leicht salzen, mit der Olivencreme bestreichen und heiß servieren.

Spinatröllchen mit Lampuki in Limonenvinaigrette

200 g Lampuki, ohne Haut und Gräten
4 EL Olivenöl
1 EL Limonensaft
1 TL Pommerysenf
Salz, Pfeffer aus der Mühle
20 junge Spinatblätter, gewaschen,
trocken gelegt
2 Limonen, die Schale in feine Streifen
geschnitten
1 dicke Karotte, geschält,
in feine Streifen geschnitten
1 EL Limonensaft
2 EL Olivenöl
Salz

Das Fischfilet in hauchdünne Scheiben schneiden.

Öl, Limonensaft, Senf, Salz und Pfeffer vermischen und die Fischscheiben darin wenden.

Um jede Fischscheibe ein Spinatblatt wickeln.

Aus Limonensaft, Salz und Olivenöl eine Marinade herstellen.

Spinatfischröllchen anrichten, mit Karotten und Limonenstreifen bestreuen und mit der Marinade beträufeln. Nochmals mit Pfeffer aus der Mühle bestreuen.

Weiße Tomaten-Mousse auf marinierten Tomaten

10-15 Tomaten
Salz, Cayenne-Pfeffer, Zucker
10 g Gin
Saft einer 1/4 Zitrone
10 g Champagner-Essig
6 Gelatineblätter
150 g geschlagene Sahne

Für die marinierten Tomaten
2 EL Champagner-Essig
etwas Zitronensaft
6 EL Tomaten-Consommé
1 kleine Schalotte, gewürfelt und blanchiert
Salz, Pfeffer, Zucker
6 EL Olivenöl
5 Basilikumblätter
8 Tomaten

Für die Mousse die Tomaten klein schneiden, mit Salz, Pfeffer und Zucker würzen. Gin, Zitronensaft und Essig zugeben und alles zusammen im Mixer zerkleinern. In ein Passiertuch gießen, zusammenbinden und über Nacht aufgehängt abtropfen lassen. Die Menge sollte – je nach Tomatensorte – etwa einen halben Liter Saft ergeben.

Den Saft abschmecken, leicht erwärmen und die kalt eingeweichte, ausgedrückte Gelatine darin auflösen. Auf Eis stellen und mit dem Schneebesen schaumig rühren. Die Masse soll schön luftig sein. Bevor sie ganz fest wird, die nicht zu stark geschlagene Sahne unterheben. Sofort in einen Spritzbeutel geben, in Formen füllen und für eine Stunde kalt stellen.

Für die Marinade Champagner-Essig, Zitronensaft, Tomaten-Consommé und die Schalottenwürfel verrühren, mit Salz, Pfeffer und Zucker abschmecken. Das Olivenöl einrühren und die Basilikumblätter dazugeben. Eine halbe Stunde ziehen lassen.

Die Tomaten blanchieren, enthäuten und in dünne Scheiben schneiden. Mit Salz, Pfeffer und einer Prise Zucker würzen. Die Marinade über die Scheiben gießen und ein bis zwei Stunden ziehen lassen.

Die Tomatenscheiben auf Teller legen, mit etwas Marinade beträufeln und die Mousse darauf anrichten.

Kartoffel-Waffeln mit Ziegenschaum und Parmaschinken

Für die Waffeln

500 g gekochte Kartoffeln, durch eine Presse gedrückt
100 g Sahne
6 Eigelb
4 Eier
50 g gesiebtes Mehl
50 g weiche Butter
2 EL gehackte Petersilie
Salz, weisser Pfeffer, Muskat

Für den Ziegenkäseschaum

450 g Ziegenkäse
Salz
weisser Pfeffer aus der Mühle
Zitronensaft
1 TL Anislikör
150 g geschlagene Sahne
3 Blatt Gelatine, eingeweicht und aufgelöst

Für die Waffeln alle Zutaten wie einen Rührteig verrühren und ca. 15 Minuten abgedeckt stehen lassen. Waffeleisen leicht buttern, eine kleine Kelle mit der Kartoffelmasse in das Waffeleisen geben und goldgelb backen.

Ziegenkäse kurz erwärmen. Mit Salz, Pfeffer, Zitronensaft und Anislikör abschmecken. Die aufgelöste Gelatine zugeben, vermischen und kurz abkühlen lassen. Die geschlagene Sahne unterheben und kalt stellen.

Alles zusammen mit Parmaschinken servieren. Zum Parmaschinken passt sehr gut frittierter Frühlingslauch.

Spinattoast mit Manchego

Für die Spinatbrote

4 Scheiben Weissbrot (je 20 g)
800 g Blattspinat
4 EL Olivenöl
Salz
frisch gemahlener Pfeffer
frisch geriebene Muskatnuss
10 g geröstete Mandelstifte
1 EL Olivenöl
4 Scheiben gekochter Schinken

Für die Käsesauce

70 g Butter
20 g Mehl
200 ml Milch
100 g Sahne
Salz
frisch gemahlener Pfeffer
frisch geriebene Muskatnuss
4 Eigelbe
40 g frisch geriebener alter Manchego

Den Spinat verlesen, in sprudelnd kochendem Salzwasser blanchieren, bis er gerade zusammenfällt, herausheben, gut abtropfen lassen und das Wasser leicht ausdrücken.

Das Öl in einer großen Kasserolle erhitzen und den Spinat unter ständigem Rühren 4 bis 6 Minuten dünsten, mit Salz, Pfeffer und Muskat würzen. Die Mandelstifte untermischen.

Für die Käsesauce 20 g Butter in einer entsprechend großen Kasserolle zerlassen und das Mehl unter Rühren darin anschwitzen, ohne Farbe nehmen zu lassen. Die Milch mit der Sahne aufgießen und unter ständigem Rühren dick einkochen lassen. Mit Salz, Pfeffer und Muskat würzen.

Zur Seite stellen. Die restliche Butter mit den Eigelben schaumig rühren und zusammen mit dem Käse vorsichtig unter die Sauce ziehen.

Die Brotscheiben rösten und auf ein Backblech legen, in einer Pfanne das Öl erhitzen, den Schinken kurz anbraten und auf die Brotscheiben legen. Den Spinat darüber verteilen und die Soße darüber gießen. Bei 200 °C im vorgeheizten Ofen kurz überbacken und heiß servieren.

Artischocken mit Muschelsauce

8 violette Artischocken
1 EL Olivenöl
1 EL Zitronensaft
1/2 Glas Wasser
Salz, Pfeffer
12 Miesmuscheln
12 Herzmuscheln
12 Venusmuscheln
3-4 EL junge Saubohnen, ausgelöst
4 Scheiben Parmesan

Die Artischocken putzen. Olivenöl, Zitronensaft und Wasser in einer Sauteuse erhitzen, die Artischocken hineinlegen, salzen und pfeffern. Mit Alufolie abdecken und 5 Minuten bei mittlerer Hitze kochen.

Nach 2/3 der Kochzeit die gesäuberten Muscheln dazugeben. Diese öffnen sich und geben ihren Saft an die Sauce ab.

Die Artischocken herausnehmen und warm halten. Den Fond durch ein sehr feines Sieb oder Tuch passieren und bei kräftiger Hitze auf etwa 8 EL einkochen. Die Muscheln für ein anderes Gericht verwenden.

Die Artischocken mit den Saubohnen anrichten und mit der Sauce nappieren. Mit frisch gemahlenem Pfeffer und ein paar Tropfen Olivenöl würzen und mit Parmesan garnieren.

Gemüse-Carpaccio mit Olivenvinaigrette

8 weisse Spargelstangen
8 grüne Spargelstangen
(oder anderes, mediterranes Gemüse)
1 Blumenkohl
2 EL Karottenwürfel
1/3 Lauchstange
Salz

Für die Vinaigrette
1 EL Olivenmark (Tapenade)
1–2 EL Olivenöl
1/2 TL Sherry-Essig
1/2 TL Balsamico-Essig
Salz, Pfeffer aus der Mühle

Den Spargel schälen und die Enden großzügig abschneiden. Vom Blumenkohl vier schöne, feste »Rosen« auslösen. Die Gemüse in leichtem Salzwasser bissfest kochen und in Eiswasser abschrecken.

Die Karottenwürfel kurz blanchieren. Den Lauch in vier Scheiben schneiden, in eine Kasserolle legen, fest zugedeckt gar ziehen und abkühlen lassen. Das gekochte Gemüse mit der Aufschnittmaschine in gleichmäßige Scheiben schneiden und auf Tellern anrichten; je eine Lauchscheibe in die Mitte legen.

Die Zutaten für die Vinaigrette gut verrühren und abschmecken. Zu den Gemüsescheiben geben, mit den Karottenwürfeln dekorieren und servieren.

Frittiertes Gemüse auf Kapern-Sabayon

200 g Brokkoliröschen
200 g Blumenkohlröschen
200 g Zucchini
200 g Auberginen
2 Tomaten
Salz, Pfeffer, Mehl
Erdnussöl zum Ausbacken

Für den Backteig
200 g Mehl
3 EL Olivenöl
3 dl Bier
Salz, Pfeffer aus der Mühle
Muskat, frisch gerieben

Für das Sabayon
3 Eigelb
30 g Kapernsaft
2 EL Crème double
1 dl Gemüsebrühe
Salz, Pfeffer, Cayenne

Das vorbereitete Gemüse mit Salz und Pfeffer aus der Mühle kräftig würzen, leicht mehlieren und durch den Backteig ziehen. In dem 180 °C heißen Erdnussöl gold-braun ausbacken.

Für das Sabayon die Eigelb auf einem Wasserbad mit dem Kapernessig schaumig aufschlagen, zuerst die Crème double, dann nach und nach die Gemüsebrühe dazugeben.

Den Kapernsaft unterrühren und den Sabayon mit Salz, Pfeffer und Cayenne abschmecken. Die frittierten Gemüse auf dem Sabayon anrichten und mit Meersalz servieren.

Carpaccio vom Kalbsfilet mit Olivensauce und Pinienkernen

Zutaten für 6 Portionen

500 g Kalbsfilet, sorgfältig pariert
60 g Pinienkerne, geröstet
30 Kerbelblättchen

Für die Olivensauce

6 cl kräftige Brühe
3 EL Aceto Balsamico
1 TL Sherryessig
90 g Olivenkaviar (pürierte, in Olivenöl eingelegte schwarze Oliven)
4 EL Olivenöl
Salz
Pfeffer aus der Mühle

Das Kalbsfilet in Klarsichtfolie fest einrollen und im Gefrierfach anfrieren. In hauchdünne Scheiben aufschneiden und auf kalte Teller verteilen.

Die Zutaten für die Olivensauce in eine Schüssel geben, gut durchrühren und abschmecken.

Das Kalbsfilet mit der Sauce dünn bestreichen. Mit Pinienkernen bestreuen, mit Kerbelblättchen garnieren und servieren.

Tintenfischsalat mit Minze

500 g Tintenfisch
Salz
1 grosse Tomate
2 kleine rote Zwiebeln
1 rote Chilischote
1 grüne Chilischote
20 g Minze
3 EL Zitronensaft
Meersalz, Pfeffer

Tintenfische enthäuten, die Fangarme aus dem Beutel ziehen. Die Innereien wegwerfen und den Beuteln mit den Fangarmen waschen.

Beutel in Streifen schneiden und zusammen mit den Fangarmen in Salzwasser nicht zu weich kochen.

Tomatenoberseite kreuzförmig einritzen, kurz überbrühen, abschrecken und enthäuten. Entkernen und in Streifen schneiden.

Zwiebeln schälen, Chili halbieren und entkernen, beides ebenfalls in Streifen schneiden.

Minze waschen, in Streifen schneiden. Nun alles mit dem Tintenfisch mischen, und mit Zitronensaft, Meersalz und Pfeffer abschmecken

Hauptgerichte

Fisch, Fleisch

Gemüse, Pasta

Dips, Chutneys

Feinschmecker-Tarte mit Tomaten und Basilikum

3 kg grosse Tomaten
3 grüne, dickfleischige Paprika
1 grosse Zwiebel
4 geschälte Knoblauchzehen
1 Bouquet garni aus verschiedenen Küchenkräutern
4 grüne Thymianzweige, abgezupft
2 EL Tomatenmark
Salz, Pfeffer aus der Mühle
20 g Puderzucker
150 g Butter
1 dl Olivenöl
4 Filo-Teigblätter (aus dem Asien-Shop)
2 EL frisches Basilikum, gehackt

Die Tomaten 10 Sekunden in kochendes Wasser legen. Herausnehmen und in Eiswasser abschrecken. Enthäuten, vierteln und die Kerne entfernen. Mit einem 2,5-cm-Ausstecher Scheiben aus dem Tomatenfleisch schneiden. Die Tomaten-„Abschnitte" klein schneiden.

Die Paprika waschen, Kerne und weiße Teile sorgfältig entfernen. Der Länge nach dritteln und mit dem bei den Tomaten verwendeten Ausstecher in Scheiben schneiden. 10 Sekunden in kochendem Wasser blanchieren, in Eiswasser abschrecken und abtropfen lassen.

Die Zwiebel schälen und fein hacken. Mit 25 g Butter und 50 ml Olivenöl in eine Kasserolle geben, leicht salzen und bei mittlerer Hitze unter ständigem Rühren drei bis vier Minuten anschwitzen (die Zwiebeln sollen keine Farbe nehmen). Knoblauchzehen, Küchenkräuter, Thymian, zerkleinerte Tomaten und Tomatenmark zugeben. Mit Salz, Pfeffer und Puderzucker abschmecken.
Bei mittlerer Hitze im offenen Topf köcheln, bis die Flüssigkeit ganz eingekocht ist. Knoblauchzehen und Kräuter herausnehmen.
Aus Backpapier vier Kreise von ca. 13 cm Durchmesser ausschneiden. Aus den Teigblättern 20 Scheiben mit gleichem Durchmesser schneiden. Eine Scheibe auf ein Backblech legen, mit Butter bepinseln, eine zweite Scheibe darauf legen, mit Butter einstreichen usw. bis zur fünften Scheibe, die nicht mit Butter bepinselt wird. Insgesamt 4 Tartes à 5 Schichten bilden und in den Kühlschrank stellen.

Die restliche Butter schmelzen und darin die Tomaten- und Paprikascheiben wenden. Die Scheiben kreisförmig und dachziegelähnlich auf die vier Backpapierkreise legen; in den Kühlschrank stellen, damit die Butter fest wird und das ganze auf dem Backpapier hält. Das Blech mit den Teigscheiben in den 200 °C heißen Ofen stellen und 10 Minuten backen, bis der Teig leicht gebräunt ist. Die eingekochten Tomaten sanft erhitzen, nachwürzen und das frische Basilikum unterziehen.

Die Teigscheiben mit dieser Mischung bestreichen. Die gut durchgekühlten Tomaten- und Paprikascheiben darauf stürzen (das Backpapier muss nun oben sein) und im 200 °C heißen Ofen 8 Minuten backen. Herausnehmen, das Backpapier entfernen, mit Salz, Pfeffer, Thymian und wenig Olivenöl würzen.

Geschmortes Kaninchen mit Fenchel

1 küchenfertig vorbereitetes Kaninchen
(1,2 kg) möglichst mit der Leber
50 g roher Schinken in Scheiben
50 g Salami in Scheiben
50 g durchwachsener Speck
2 Fenchelknollen (500 g)
1/2 unbehandelte Zitrone

4 Knoblauchzehen
1 TL frischer Rosmarin
1 Brötchen vom Vortag (ohne Rinde)
1/4 l trockener Weisswein
125 g Sahne
6 EL Olivenöl
6 Pfefferkörner
Salz, Pfeffer aus der Mühle

Das küchenfertig vorbereitete Kaninchen gründlich ausspülen und waschen, gut abtrocknen. Innen und außen mit Salz und Pfeffer einreiben (Die Leber für die Füllung verwenden). Brötchen würfeln, in 1/8 l Weißwein einweichen.

Fenchel putzen, die Stiele abschneiden, das zarte Grün beiseite legen. 3/4 l Salzwasser erhitzen. 1/2 Zitrone in Scheiben schneiden, 2 Knoblauchzehen schälen, zusammen mit 6 Pfefferkörnern ins kochende Wasser geben. Fenchelknollen und Stiele darin etwa 15 Min. garen, beides herausnehmen. Brühe durchsieben, aufbewahren. Knollen abgedeckt beiseite stellen. Stiele zusammen mit der Hälfte vom Fenchelgrün fein hacken.

Schinken und Salami in winzige Würfel schneiden. Kaninchenleber klein schneiden, 2 Knoblauchzehen und 1 TL Rosmarin fein hacken, Brötchen leicht ausdrücken. Alles mit den zerkleinerten Fenchelteilen gründlich mischen. Mit Salz und Pfeffer würzen.

Backofen auf 175 °C vorheizen. Das Kaninchen mit der vorbereiteten Mischung füllen. Öffnung mit Küchenzwirn zunähen. In einem Bräter mit passendem Deckel 6 EL Olivenöl erhitzen. Kaninchen rundum sanft anbraten.

Mit der Hälfte vom aufgefangenen Fenchelsud begießen, zudecken und in den Backofen schieben. Etwa 1 Std. schmoren. Ab und zu wenden, mit der Fenchelbrühe beträufeln, falls nötig, noch mehr Brühe nachgießen.

10 Minuten vor dem Ende der Garzeit die Fenchelknollen in Scheiben schneiden. Speck fein würfeln, in einer Pfanne auslassen, knusprige Grieben herausnehmen. Fenchelscheiben sanft andünsten, einige EL Fenchelsud angießen, mit Salz und Pfeffer würzen.

Kaninchen aus dem Bräter nehmen, im Backofen warm halten. 1/8 l Wein und 125 g Sahne zum Sud gießen, auf dem Herd kräftig einköcheln. Kaninchen in Scheiben schneiden, mit dem Fenchelgemüse anrichten. Restliches Fenchelgrün hacken, zusammen mit den Speckgrieben über das Kaninchen streuen.

Kaninchenrückenfilets in Orangen-Gremolata auf Ratatouille

8 Kaninchenfilets ohne Haut und Sehnen
Salz, schwarzer Pfeffer
Maltesisches Olivenöl
2 EL Butter
geriebene Schale von 2 Orangen
gerieben Schale von 1 Zitrone
6 Scheiben Toastbrot ohne Rinde, gemahlen
1 TL gehackter Rosmarin
1/2 TL gehackter Knoblauch
1 EL fein geschnittene glatte Petersilie

250 g gelb-grüne Zucchini
in feine Würfel geschnitten
100 g Zwiebeln, in feine Würfel geschnitten
250 g rote und gelbe Paprikaschoten
in feine Würfel geschnitten
6 Knoblauchzehen, fein gehackt
Maltesisches Olivenöl
Butter
Salz, Pfeffer
Kreuzkümmel
Garam Marsala
1 scharfe Chilischote
50 g frischer Parmesan, gehobelt

Die Kaninchenfilets würzen und kurz in Olivenöl anbraten, auf Gitter legen und leicht abkühlen lassen.

Das gemahlene Toastbrot mit Orange, Zitrone, Knoblauch, Rosmarin und Petersilie vermischen und die Kaninchenfilets darin panieren. Leicht andrücken und in Olivenöl und Butter braten.

Olivenöl und Butter erwärmen, die Zwiebeln und den Knoblauch anschwitzen. Kreuzkümmel und Garam Marsala zugeben. Die Zucchini, Paprikaschoten und Chilischote mit anschwitzen und alles 5 Minuten köcheln lassen und abschmecken.

Das Gemüse in die Mitte des Tellers geben. Darauf die Kaninchenfilets legen und alles mit Parmesankäse bestreuen.

Kaninchenfilet mit Polenta und Cotechino-Sauce

400 g Kaninchenrücken, ausgelöst
4 Scheiben Bauchspeck
150 g Kaninchen-Innereien (Leber, Herz, Nieren)
2 Schalotten, fein gehackt
Extra-Vergine-Olivenöl
1/2 Glas Lambrusco (Rotwein)
1/2 l brauner Kaninchenfond

80 g grosse Spinatblätter
Salz
150 g Maismehl
Rosmarin-Essenz (dafür frischen Rosmarin im Entsafter auspressen)
Schweineschwarte
150 g Cotechino (halbfeste, würzige Wurst aus Schweinefleisch)
Weisswein
1/2 weisse Zwiebel, geschnitten

Den Kaninchenrücken in die Speckscheiben einschlagen und mit Küchengarn binden. Für etwa vier Minuten im Dämpfer garen (oder in einer Kupferpfanne schmoren), herausnehmen und warm stellen.

Die geputzten Innereien in kleine Würfel schneiden. Die Schalotten anschwitzen, die Innereien dazugeben, anbraten und mit einem Teil des Lambrusco ablöschen. Einkochen lassen und etwas Kaninchenfond angießen. Kurz köcheln und abschmecken.

Die Spinatblätter in Salzwasser blanchieren, in Eiswasser abschrecken und abtropfen lassen. Vier Formen (sie dienen nur als Hilfsmittel, damit die Spinat-„Päckchen" eine ansprechende Form bekommen) mit Spinat auslegen, die Innereien einfüllen, mit Spinat bedecken und warm halten.

Aus 100 g Maismehl auf übliche Art eine Polenta kochen, mit ein paar Tropfen Rosmarin-Essenz und Extra-Vergine-Olivenöl abschmecken, ausrollen, vier Kreise ausstechen und in einer mit Schweineschwarte gefetteten Pfanne mit dickem Boden anbraten, bis die Scheiben außen knusprig sind.

Für die Sauce die Cotechino etwa eineinhalb Stunden in Wasser mit einem Schuss Weißwein kochen und grob zerschneiden; dabei zwei dünne Wurstscheiben für die Garnitur reservieren.

Die Zwiebeln in Öl hellgelb andünsten, die Cotechino dazugeben, anbraten, mit dem restlichen Lambrusco ablöschen und einkochen. Mit dem Kaninchenfond auffüllen, 5-6 Minuten kochen und abschmecken. Im Thermo-Mixer pürieren und vor dem Anrichten mit dem Stabmixer schaumig aufschlagen. Das restliche Maismehl in einer schweren Pfanne rösten. Das Kaninchenfleisch anbraten, mit dem gerösteten Maismehl „panieren" und braten, bis sich eine knusprige Kruste gebildet hat.

Den aufgeschnittenen Kaninchenrücken mit der Sauce, dem gefüllten Spinat und der mit jeweils einer halben Cotechinoscheibe garnierten Polenta anrichten.

Kaninchenkeulen mit Rosmarin und mildem Knoblauch

4 Kaninchenkeulen
100 g feines Meersalz
4 Rosmarinzweige
grüner frischer Pfeffer aus der Mühle
12 Knoblauchzehen
4 dl Olivenöl
28 kleine neue Kartoffeln
1 Romanesco
1 feste Tomate

Die Kaninchenkeulen mit Meersalz und grünem Pfeffer einreiben und eineinhalb Stunden ruhen lassen. In einem Bräter Olivenöl erhitzen, die Keulen mit Rosmarin und den geschälten Knoblauchzehen hineinlegen und bei 95 °C etwa 45 Minuten ziehen lassen. Hin und wieder mit einer Spaghetti-Nudel prüfen, ob das Fleisch weich ist und die Keulen gar sind. Die Keulen und den Knoblauch aus dem Bräter nehmen und warm stellen. Die Kartoffeln und die Romanesco-Röschen getrennt blanchieren. Die Kartoffeln im Bratöl der Kaninchenkeulen etwa zehn Minuten köcheln.

Die Tomate enthäuten, die Kerne entfernen, das Fruchtfleisch in feine Streifen schneiden und in Olivenöl kurz andünsten.

Die Kaninchenkeulen mit dem Knoblauch, den Kartoffeln und dem Romanesco anrichten, die Tomatenstreifen auf dem Fleisch verteilen und mit Meersalz bestreuen. Olivenöl mit etwas Balsamico-Essig mischen und zum geschmorten Kaninchen servieren.

Geräuchertes Kaninchen mit Zitrone auf Erbsencreme

4 Kaninchenrücken
Salz, Pfeffer
Zitronen-Thymian
Öl zum Braten
2 gelbe Paprika
2 rote Paprika
400 g frische Erbsen
100 g Geflügelfond
Salz, Pfeffer
Zitronenschale, fein geschnitten

Für die Käse-Mousse
200 g Ziegenfrischkäse
200 g Rondin de Chèvre
(französischer Ziegenweichkäse
mit Schimmelrinde)
30 g Geflügelfond
1/2 Blatt Gelatine
70 g geschlagene Sahne
Salz, Cayenne

Die Kaninchenrücken mit Salz und Pfeffer würzen, in etwas Öl mit Zitronen-Thymian von allen Seiten kurz anbraten, in den Räucherofen schieben und 3–4 Minuten nicht zu stark räuchern.

Die Paprikaschoten für 20-30 Minuten in den 200 °C heißen Ofen schieben, die Haut abziehen, in möglichst gleich große rechteckige Stücke schneiden und würzen.

Für die Sauce die Erbsen blanchieren, in Eiswasser abschrecken und abtropfen lassen. Mit Geflügelfond und Zitronenschale pürieren, durch ein feines Sieb passieren und mit Salz und Pfeffer abschmecken.

Für die Käse-Mousse die beiden Ziegenkäse mit der Hälfte des Geflügelfonds in den Mixer geben, pürieren, salzen und pfeffern. Die Gelatine in kaltem Wasser einweichen, ausdrücken, im restlichen Geflügelfond auflösen und zum Käse geben. Die geschlagene Sahne unterheben, in eine kleine Terrinenform einfüllen und zwei bis drei Stunden kalt stellen.

Zum Anrichten die Mousse in Scheiben schneiden und wie bei einer Lasagne zwischen die Paprika-Rechtecke legen. Das geräucherte, lauwarme Kaninchen auf der kalten Erbsencreme anrichten und mit der Paprika-Käse-Mousse-Lasagnette servieren.

Gekochte Lammschulter mit Zitronen-Kapernsauce

Für den Fond
500 g Lammknochen
2 l Wasser
1 Zweig Thymian
4 Lorbeerblätter
1 Bund Suppengemüse
2 Knoblauchzehen
10 Pfefferkörner
Petersilie
Salz

Für die Lammschulter
1,5 kg ausgelöste Lammschulter
2 EL gehackter Knoblauch
1 Zweig Rosmarin
Salz, Pfeffer
2 EL Öl
100 g grob geschnittene Schalotten
Schale einer Zitrone
4 ungeschälte Knoblauchzehen

Für die Sauce
50 g Butter
30 g Schalotten, fein gehackt
2 EL Zitronensaft
200 g Lammfond aus dem Bräter
etwas Kartoffelmehl, zum Binden
1 dl Sahne

Für die Einlage
2 EL Kapern
Filet von 2 Zitronen
1 EL gehackte Petersilie
1 EL geschlagene Sahne

Aus den angegebenen Zutaten einen Lammfond kochen (ca. 3 Stunden). Fond passieren.

Die Lammschulter ausbreiten, würzen und mit Knoblauch und den Rosmarinnadeln bestreuen. Zusammenrollen und zubinden. Öl in einem Bräter erhitzen, Schalotten, Knoblauch und Zitronenschale anschwitzen, Fleisch zugeben und leicht anbraten. Mit Lammfond auffüllen und im Backofen bei 180 °C ca. 1 Stunde garen. Danach das Fleisch herausnehmen, das Band lösen und warm halten.

Butter und Schalotten anschwitzen, mit Zitronensaft und Lammfond ablöschen. Sahne zugeben und einkochen lassen. Danach evtl. etwas abbinden. Mit Salz und Pfeffer abschmecken.

Danach die Einlage und die geschlagene Sahne unterheben.

Lammschulter aufschneiden und mit der Sauce überziehen. Dazu kann man verschiedene Gemüse servieren.

Gegrillte Lammkoteletts

Den Apfel waschen, schälen, das Kerngehäuse entfernen und das Fruchtfleisch in kleine Würfel schneiden. Die Zwiebel abziehen und klein würfeln. Das Öl in einem Topf erhitzen und die Zwiebelwürfel darin andünsten. Apfelwürfel, Senf, Ketchup, Zucker, Zitronen- und Orangensaft einrühren. Alles bei schwacher Hitze und gelegentlichem Rühren etwa 10 Minuten leise kochen lassen. Mit Salz, Pfeffer und Oregano würzen.Einen Grill vorheizen. Die Lammkoteletts kurz kalt abspülen, mit Küchenpapier trocken tupfen und mit Salz und Pfeffer würzen. Auf den heißen Grill legen und zunächst ohne Marinade auf beiden Seiten kurz grillen. Mit der Sauce bestreichen und fertig grillen.

Zutaten für 6 Portionen

1 säuerlicher Apfel
1 Zwiebel
2 EL Olivenöl
2 EL scharfer Senf
4 EL Tomatenketchup
2 EL Zucker
Saft von 2 Zitronen
Saft von 2 Orangen
Salz, Pfeffer aus der Mühle
1 TL getrockneter Oregano
12 Lammkoteletts

Knoblauch-Lammkeule

Den Backofen auf 200 °C vorheizen. Die Lammkeule waschen, trocken tupfen, mit Olivenöl, Salz und Pfeffer einreiben und in einen Bräter legen. Zwiebeln und Knoblauch schälen und in Spalten schneiden. Zusammen mit dem Majoran und den Lorbeerblättern zum Lamm geben. Etwa 1/4 l Wein oder Brühe darüber gießen und die Lammkeule auf der unteren Schiene im Ofen bei 200 °C (Umluft) etwa 1 1/2 Stunden braten. Dabei die Lammkeule oft mit dem Bratenfond begießen, nach und nach den restlichen Wein oder die Brühe dazu gießen. Die Lammkeule aus dem Bräter nehmen und warm halten. Die Lorbeerblätter und den Majoran entfernen. Die Oliven unter den Bratenfond rühren und diesen auf der Herdplatte noch kurz aufkochen lassen. Die Sauce abschmecken und mit dem Lammfleisch servieren.

1 kleine Lammkeule (etwa 1,4 kg)
2 EL Olivenöl, kaltgepresst
Salz, Pfeffer, frisch gemahlen
1 grosse Zwiebel
8–10 grosse frische Knoblauchzehen
6 Zweige Majoran
4 Lorbeerblätter
1/4 l trockener Weisswein oder Gemüsebrühe
je 125 g grüne und schwarze Oliven

Marinierter Fenchel mit Safran und gebackenen Langustinen

Zutaten für 4–6 Portionen

2 Fenchelknollen
1/2 l Tomaten-Consommé
2 Schalotten, fein geschnitten
1 Knoblauchzehe, angedrückt
1 Msp Safranfäden
Salz, Pfeffer, Zitrone
Champagner-Essig, Cayenne
100 ml Pflanzenöl
100 g Erbsenschoten
Zucker
16 Langustinen
Salz, Zitrone
dünne Fenchelscheiben, blanchiert
50 g Mehl
50 g Maizena
3 EL Weisswein
2 EL Öl
Salz, Cayennepfeffer
3 EL Eiswasser
Öl zum Ausbacken

Die Fenchelknollen in 2 mm dicke Scheiben schneiden. Die Tomaten-Consommé mit Schalotten, Knoblauch und Safran aufkochen, mit Salz, Pfeffer und Zitronensaft abschmecken und etwa 10 Minuten köcheln lassen. Vom Herd nehmen, die Fenchelscheiben hineinlegen und mindestens 3 Stunden (oder auch über Nacht) ziehen lassen. Zuvor die Marinade mit Champagner-Essig, Salz und Cayenne kräftig nachschmecken und das Öl hineinrühren.

Die Erbsenschoten in wenig heißem Öl kurz anschwenken, mit Salz und einer Prise Zucker würzen und mit einem Löffel Fenchel-Marinade anmachen.

Langustinen ausbrechen, Därme entfernen, mit Salz und Zitrone würzen, mit je einer Fenchelscheibe umwickeln und mit einem Zahnstocher feststecken. Aus Mehl, Maizena, Weißwein, Öl, Salz, Cayenne und Eiswasser einen Ausbackteig zubereiten und 30 Minuten ruhen lassen.

Die Langustinen in den Teig tauchen, in heißem Öl goldbraun frittieren und das Fett auf Küchenkrepp abtropfen lassen. Die Langustinen mit dem marinierten Fenchel und den Erbsenschoten anrichten.

Würzige Seeteufelspieße

900 g Seeteufel oder Lampuki,
ohne Kopf
250 ml Wasser
6 EL Zitronensaft

Für die Sauce
4 rote Chilischoten, entkernt und
fein gehackt
Olivenöl
2 grosse Tomaten, gehäutet und
klein gewürfelt
1 Zweig Oregano
1 TL frisch gemahlener Pfeffer
1 TL Kreuzkümmel
1 TL gemahlener Ingwer
2 TL gehackter Knoblauch
550 ml Fischfond
1/2 grosse Gurke
1 mittelgrosse rote Zwiebel
Limonenschnitten

Den Fisch häuten, entgräten und in Würfel schneiden. Den Zitronensaft mit dem Wasser mischen und die Fischstücke darin mindestens vier Stunden, besser noch über Nacht, marinieren.

Die Chilischoten in etwas Olivenöl scharf anbraten, bis sie dunkel werden. Die gehackten Tomaten, Oregano, Pfeffer, Kümmel, Ingwer, Knoblauch und den Fischfond hinzufügen. Zum Kochen bringen und 10 Minuten köcheln lassen, dann von der Kochstelle nehmen.

Die Gurke in ca. 1/2 cm dicke Scheiben schneiden und die rote Zwiebel längs achteln.

Abwechselnd je ein Stück Zwiebel, einen Fischwürfel und eine Gurkenscheibe auf die Holzspieße stecken, bis nur noch die Enden frei sind. Die Sauce großzügig über die Spieße verteilen und mit Limonenschnitten servieren.

Kabeljau mit Pastis, Thymian und Fenchel

500 g Kabeljau
Olivenöl, Salz, Pfeffer

250 g junger Fenchel, fein geschnitten
30 g Schalottenwürfel
50 ml Olivenöl
50 ml Pastis
1 Thymianzweig
1 Knoblauchzehe, zerdrückt, in der Schale
2 Sternanis, zerstossen
je 2 Msp. Orangenschale und Safranfäden
Zitronensaft
100 ml Weisswein
50 ml Noilly Prat
500 ml kräftiger Fischfond
50 g Butter

Für das Gemüse

3 Thymianzweige
100 g Meeralgen
2 kleine Paprika
Olivenöl, Thymian
1 Msp. Knoblauch
2 kleine Fenchel mit Grün
4 kleine Zucchini
Salz, Pfeffer

Das Fischfilet in 5 mm dicke Scheiben schneiden. Vier Teller mit Olivenöl beträufeln, salzen, pfeffern und den Fisch kreisförmig darauf legen. Mit Salz und Pfeffer würzen, jeden Teller mit Klarsichtfolie abdecken und im 85 °C heißen Ofen 8-10 Minuten garen.

Für den Pastis-Sud Fenchel und Schalotten mit dem Olivenöl vermischen, Pastis, Thymian, Knoblauch, Sternanis, Orangenschale, Safran, Zitronensaft, Salz und Pfeffer dazugeben und zugedeckt mindestens zwei Stunden marinieren. Leicht andünsten, mit Weißwein und Noilly Prat ablöschen, mit Fischfond auffüllen und bei schwacher Hitze etwa eine Stunde ziehen lassen. Wenn der Fenchel weich ist, den Sud abschütten, auf 300 ml reduzieren und mit Butter und einem Spritzer Pastis aufmixen.

Für das Gemüse zuerst Thymianpulver herstellen. Dazu die Thymianzweige drei Minuten in der Mikrowelle trocknen und die Blätter fein schneiden. Die Meeralgen blanchieren. Die Paprika halbieren, mit Olivenöl beträufeln, Thymian und Knoblauch dazugeben, salzen, pfeffern, im 100 °C heißen Ofen 20 Minuten garen und enthäuten. Fenchel schälen und Fenchelgrün fein hacken. Zucchini und Fenchel in dünne Scheiben schneiden, in Olivenöl anschwitzen, mit Salz, Thymianpulver und 4 EL Pastis-Sud würzen. Die Meeralgen und die Paprika einschwenken.

Den Fisch mit dem heißen Pastis-Sud nappieren, die Gemüse darauf anrichten und mit Thymianpulver und Fenchelgrün bestreuen.

Spaghetti mit Schwertfisch-Gemüse-Ragout

1 Zucchino, 1/2 Aubergine
2 Tomaten, ohne Haut und Kerne
2 Artischockenböden, ausgelöst und fein gewürfelt
100 g Blumenkohl, Salz
1/2 Schalotte, gehackt
1 Knoblauchzehe mit Schale
100 g Olivenöl
150 g Schwertfisch, ohne Haut und Gräten
20 g Kapern
240 g Spaghetti
1 Bund Basilikum, Peperoncino

Zucchino, Aubergine und Tomaten fein würfeln, die Artischockenwürfel dünsten, den Blumenkohl in Salzwasser kochen und in Röschen zerteilen. Die Schalotten mit dem Knoblauch in Öl andünsten, zuerst die Auberginen, dann alle anderen Gemüse dazugeben und gut durchschwenken.

Den Schwertfisch fein schneiden, anbraten, zu der Gemüse-Mischung geben und das Ragout mit Kapern würzen. Die Spaghetti kochen, mit dem Fisch-Gemüse-Ragout mischen, geschnittene Basilikumblätter unterheben, mit Peperoncino würzen und auf heißen Tellern anrichten.

Orecchiette mit Anchovis

360 g Orecchiette
200 g Tomatenwürfel
200 g Brokkoli
2–3 EL Olivenöl
1–2 Knoblauchzehen, zerdrückt
1 Anchovisfilet
Basilikumblätter
Salz, Pfeffer aus der Mühle
50 g Parmesan

Die Orecchiette in Salzwasser kochen, nach fünf Minuten Kochzeit den geputzten Brokkoli dazugeben und zusammen mit den Nudeln garen (ca. 15 Minuten). Abgießen und abtropfen lassen, etwas vom Kochsud für die Sauce reservieren.

Olivenöl erhitzen, Knoblauch, Tomatenwürfel und geschnittenes Basilikum hineingeben, mit Salz, Pfeffer und dem gehackten Anchovisfilet würzen. Fünf Minuten köcheln lassen. Etwas vom Nudelkochfond, die Orecchiette und den Brokkoli dazugeben. Durchschwenken und abschmecken.

Pergamentpapier auf einen Teller legen, die Orecchiette darauf platzieren und das Papier verschließen (den Rand doppelt und fest zusammenfalten). Im heißen Ofen zwei bis drei Minuten backen. Die Orecchiette zunächst im Papier am Tisch präsentieren. Das Pergamentpapier öffnen und die Nudeln auf Teller verteilen. Mit frisch geriebenem Parmesan bestreut servieren.

Gegrillter Thunfisch auf Linsen mit Tomaten-Vinaigrette

Für die Linsen

2 EL Olivenöl
2 EL fein gehackte Zwiebel
2 EL fein gehackte Karotte
2 EL fein gehackter Bleichsellerie
250 g grüne Linsen, verlesen, abgespült und über Nacht eingeweicht

Für die Vinaigrette

1 EL Rotweinessig
1/2 TL getrocknete, zerstossene rote Chilischote
100 ml natives Olivenöl
Meersalz und frisch gemahlener Pfeffer
2 reife Tomaten, enthäutet, entkernt und fein gewürfelt

2 EL Olivenöl
4 Thunfischsteaks (jeweils etwa 200 g)
Meersalz und frisch gemahlener Pfeffer

Zwiebel, Karotte und Sellerie etwa 5 Minuten bei mittlerer Temperatur in 2 EL Olivenöl dünsten. Die Linsen dazugeben, 7,5 cm hoch mit Wasser bedecken, einmal aufkochen lassen und dann ohne Deckel etwa 25 Minuten leise köchelnd garen. Abgießen und warm stellen. Den Elektrogrill vorheizen.

Die Zutaten für die Vinaigrette in einer Schüssel vermischen.

Einen Grillrost leicht einölen, die Thunfischsteaks darauf legen und mit dem restlichen Öl bestreichen. Von beiden Seiten jeweils 2-4 Minuten grillen. Die Steaks nach Geschmack salzen und pfeffern.

Die Linsen auf vier vorgewärmte flache Teller verteilen. Die Thunfischsteaks darauf anrichten, etwas von der Vinaigrette darauf geben und das Gericht servieren.

Thunfischsteak in Mandel-Relish

4 Thunfischsteaks à 200 g
Salz, Pfeffer oder rosa Pfeffer geschrotet
1 Knoblauch, halbiert
1 Zitrone, in Scheiben geschnitten
2 Lorbeerblätter
1 Zweig Rosmarin
1 EL Salzbutter
Olivenöl

Für das Relish
40 g Mandelscheiben
2 Frühlingszwiebeln
1 Knoblauchzehe
1 Chilischote
40 g Rosinen
Zitronensaft
Olivenöl
Salz, Pfeffer
2 Zweige Basilikum
1 Zwiebel

Olivenöl erwärmen. Thunfischsteaks mit Salz und Pfeffer würzen und in die Pfanne geben. Knoblauch, Zitronenscheiben, Rosmarin, Lorbeerblatt dazugeben und alles zusammen braten. Vor dem Garen die Butter mit in die Pfanne geben.

Für das Relish: Frühlingszwiebeln, Knoblauch, Zwiebel, Chilischote in kleine Würfel schneiden und alles in Olivenöl kurz anschwitzen. Rosinen und Mandeln dazugeben.

Mit Salz und Pfeffer würzen, Zitronensaft und den geschnittenen Basilikum zum Schluss dazugeben.

Alles zusammen anrichten.

Risotto mit Lampuki-Tatar

300 g Risotto-Reis
2 EL Olivenöl
1 EL Butter
1 dl trockener Weisswein
100 g gehackte Zwiebeln
4 Knoblauchzehen, fein gehackt
1 EL Tomatenmark
1 EL Ketchup
Salz
Pfeffer
1 l Gemüse- oder Geflügelbrühe
1 rote Paprikaschote in kleine Würfel geschnitten
100 g harter Ziegenkäse, geraspelt

Olivenöl, Butter, Knoblauch, Zwiebeln, Paprikaschote, Tomatenmark und Ketchup anschwitzen. Den Reis dazugeben und mit Weißwein ablöschen. Nach und nach die warme Brühe dazugeben. Der Reis braucht ca. 25 Minuten, bis er gar ist. Abschmecken und Ziegenkäse untermischen. Danach mit dem Eisportionierer Bällchen rollen.

Für das Lampuki-Tatar

300 g Lampukifilet ohne Haut, Sehnen und Gräten
Saft von 1 Limone oder Zitrone
Salz
Weisser Pfeffer
1 Peperoni, ohne Kerne
ca. 50 g Rauke, gewaschen und klein geschnitten
1 Zwiebel
4 Rosmarinzapfen
1/2 TL Honig

Für das Lampuki-Tatar Lampukifilet, Peperoni und Zwiebel in feine Würfel schneiden. Rauke und Rosmarinzapfen fein schneiden. Alles zusammen vermischen und zum Risotto servieren.

Tomaten-Basilikum-Eis auf Gurken-Gelee mit Langostino-Küchlein

Für 4-6 Portionen

1 kg Salatgurke
Salz, Pfeffer, Cayenne
Saft einer halben Zitrone
2 Blatt Gelatine
Vietnamesischer Koriander, fein gehackt

Für das Eis

10-12 mittelgrosse vollreife Tomaten
Salz, weisser Pfeffer
Basilikum
Knoblauch, ungeschält
Olivenöl

Basilikumblätter zum Pürieren
90 g Glukose

Für die Küchlein

500 g Schollenfilet
250 g Sahne
Salz, Pfeffer, Pernod
15 kleine Langostinos, ausgelöst und in Würfel geschnitten
50 g Weissbrot-Croutons, goldbraun geröstet
100 g Gemüsewürfel (Karotten, Sellerie, Zucchini), gekocht
Vietnamesischer Koriander

Die Gurken schälen, mit Salz, Pfeffer und Cayenne würzen, den Zitronensaft und fein gehackten Koriander dazugeben und 2-3 Minuten im Mixer pürieren. In ein über einer Schüssel hängendes Passiertuch gießen, kühl stellen und gut abtropfen lassen. Etwa einen halben Liter Gurkensaft mit der aufgelösten Gelatine vermischen und kalt stellen.

Für das Eis die Tomaten blanchieren, schälen, vierteln und entkernen. Auf ein Blech legen und mit Basilikum, Salz, Pfeffer, Olivenöl und in der Schale zerdrücktem Knoblauch würzen. Im 60 °C heißen Ofen 4-5 Stunden trocknen. Die getrockneten Tomaten (etwa 600 g) mit Basilikum pürieren, die Glukose dazugeben und in der Eismaschine frieren.

Für die Küchlein aus dem gekühlten Schollenfilet mit der eiskalten Sahne im Mixer eine Fischfarce herstellen, auf Eis stellen und mit Salz, Pfeffer und einem Spritzer Pernod abschmecken. Langostinos, Brot-Croutons und Gemüsewürfel dazugeben, mit fein gehacktem Koriander vorsichtig (da sehr intensiv) abschmecken und kleine Klopse formen.

In der Pfanne mit wenig Öl von beiden Seiten goldgelb anbraten und unter dem Salamander in 2-3 Minuten fertig garen. Das Tomaten-Basilikum-Eis auf dem Gurken-Gelee anrichten und die Langostino-Küchlein dazulegen.

Seezunge mit Spinat

2 frische Seezungen (je 500 g)
750 g frischer Blattspinat
1/2 Zitrone (Saft)
2 Knoblauchzehen
2 EL trockener Weisswein
2 EL Butter
eventuell frisch geriebener Parmesan
Salz, Pfeffer aus der Mühle

Für die Sauce
1 kleine Zwiebel
1 TL frische Thymianblättchen
(oder 1/2 TL getrocknete)
2 EL Butter
1/4 l Milch
200 g Sahne
2 Eigelb
3 EL frisch geriebener Parmesan
1 gehäufter EL Mehl
Salz, Pfeffer aus der Mühle

Seezungen entweder vom Fischhändler küchenfertig vorbereiten lassen oder selbst filetieren. Dazu die Fische mit der dunklen Seite nach oben auf die Arbeitsplatte legen. Mit einer Küchenschere die seitlichen Flossen abschneiden. Am Schwanzende die Haut quer einritzen, mit einem Ruck zum Kopfende hin abziehen. Seezungen umdrehen, die hellere Haut auf der anderen Seite ebenso einritzen und abziehen. Fischfleisch nun rechts und links von der Mittelgräte und entlang der Außenränder mit einem scharfen Messer einschneiden. Filets vom Kopf und von den Gräten lösen und abheben. Die insgesamt 8 Seezungenfilets leicht salzen und pfeffern, mit dem Saft von 1/2 Zitrone beträufeln.

Blattspinat verlesen, gründlich waschen und abtropfen lassen. Mit 2 EL Weißwein, Salz und Pfeffer in einen Topf geben, erhitzen. 2 Knoblauchzehen dazupressen. Topf zudecken und den Spinat zusammenfallen lassen.

Für die Sauce 1 kleine Zwiebel sehr fein hacken. In 1 EL Butter glasig dünsten. 1 TL Thymianblättchen einstreuen. 1/4 l Milch angießen, salzen und pfeffern. Kurz aufkochen, dann etwa 5 Min. ziehen lassen. In einem Topf 1 EL Butter schmelzen, 1 EL Mehl einstreuen, unter Rühren anschwitzen. Thymianmilch und 200 g Sahne angießen, unter Rühren cremig einköcheln. Sauce vom Herd nehmen, 2 Eigelb und 3 EL frisch geriebenen Parmesan unterrühren, mit Salz und Pfeffer würzen.

Eine feuerfeste Form mit 1/2 EL Butter ausstreichen, 4 Seezungenfilets hineinlegen, Spinat darüber verteilen, die restlichen 4 Fischfilets darauf legen. Mit der Sauce begießen, restliche Butter in Flöckchen darauf verteilen. Im vorgeheizten Backofen (Gas: Stufe 3) 12 Minuten garen. Auf vorgewärmte Teller verteilen, nach Wunsch mit etwas frisch geriebenem Parmesan bestreuen und servieren.

Polipo-Mosaik mit Olivensauce

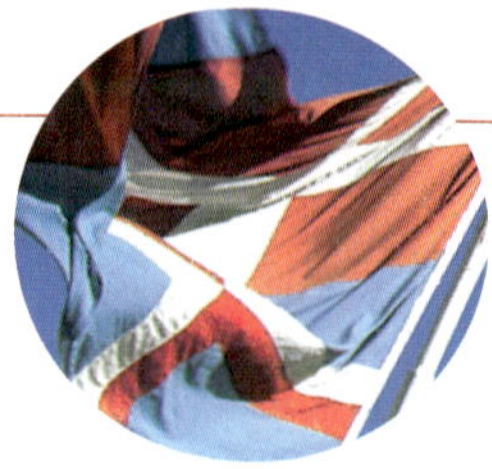

1 Polipo (Oktopus) mittlerer Grösse
Lorbeerblätter
5 l Fischfond
4 EL Pesto
4 El „Taggia" –Oliven, entsteint
Extra-Vergine-Olivenöl
Salz, Pfeffer
Pinienkerne, geröstet

Für den Fischfond

6 l Wasser
2 Karotten
2 Stangensellerie
1 Zwiebel
1-2 l Weisswein-Essig
10 Lorbeerblätter
1 Handvoll grobes Salz

Für das Pesto

100 g Basilikum
100 g Extra-Vergine-Olivenöl
10 g Pinienkerne
10 g Walnüsse
10 g Parmesan

Für das Pesto Basilikum mit Öl, Pinienkernen, Walnüssen und Parmesan im Mixer pürieren, durch ein feines Sieb streichen und bis zum Anrichten im Kühlschrank aufbewahren.

Den Polipo säubern, in der Mitte der Länge nach durchschneiden, wieder zusammensetzen, mit Lorbeer „spicken" und wie eine Art „Rollbraten" mit Küchengarn binden.

Für den Kochsud das Wasser mit Essig, Salz, Gemüsen und Lorbeerblätter etwa eine Stunde auf 5 Liter einkochen, den Polipo hineingeben, rund 2 Stunden kochen und im Fond auskühlen lassen. Herausnehmen und in Klarsichtfolie so fest einwickeln, dass eine zylindrische Form entstehet. Über Nacht in den Kühlschrank legen.

Für die Sauce die Oliven mit Olivenöl im Mixer pürieren. Den gekühlten Polipo in Scheiben aufschneiden und mit Olivensauce, Pesto und gerösteten Pinienkernen anrichten.

Rotbarbenfilets mit Tomaten-Risotto und Rucola-Sauce

4 Rotbarbenfilets
Salz, Pfeffer, Zitrone
Öl zum Braten
Rucola für die Garnitur

Für die Sauce

100 g Butter
Salz, Cayenne-Pfeffer
200 g Rucola
Öl zum Frittieren
100 g Zwiebeln, in Scheiben
20 g Butter
200 g Kartoffeln, geschält und in dünne Scheiben geschnitten
1 Knoblauchzehe, zerdrückt
Zitrone
3/4 l Geflügelfond

Für den Risotto

30 g Schalottenwürfel
Butter, Weisswein
150 g Risotto-Reis
400 g Tomaten-Consommé
Salz, Pfeffer, Zitrone
80 g Ofentomaten-Viertel

Für die Sauce die Butter schaumig rühren und mit Salz und Cayenne würzen. Rucola waschen, trocknen und in 180 °C heißem Öl etwa 30 Sekunden frittieren. Die Blätter sollen kross werden, aber grün bleiben. Auf ein Tuch legen und das abtropfende Fett gut ausdrücken. Die Blätter mit dem Messer staubfein hacken und unter die schaumige Butter mischen.

Die Zwiebelscheiben in Butter andünsten, Kartoffeln und Knoblauch dazugeben, durchschwenken, mit Salz, Cayenne-Pfeffer und Zitrone würzen und mit dem Geflügelfond auffüllen. Bei milder Hitze köcheln, bis die Kartoffeln weich sind. Durch ein feines Sieb passieren, abschmecken und die Rucola-Butter einschwenken (50 g Butter auf 200 g Kartoffelfond).

Für den Risotto die Schalotten in Butter anziehen, den Reis und einen Schuss Weißwein dazugeben und glasig dünsten. Nach und nach mit der Tomaten-Consommé aufgießen und den Reis unter Rühren garen (18-20 Minuten). Den fertigen Risotto mit Salz, Pfeffer und Zitronensaft abschmecken und die Ofentomaten unterheben.

Die Fischfilets mit Salz, Pfeffer und Zitrone würzen. In einer beschichteten Pfanne wenig Öl erhitzen, die Filets mit der Hautseite in das heiße Fett legen und zwei Minuten bei starker Oberhitze oder unter dem Salamander braten. So wird der Fisch saftig, die Haut wird nicht verletzt und bleibt rot.

Rotbarbenfilets auf dem Tomaten-Risotto anrichten, mit der Sauce umgießen und mit Rucola garnieren.

Garnelen mit Melonen, Schnittknoblauch und Honig

2 l ungesalzene Hühnerbrühe
20 frische Garnelen
4 EL Sojasauce
150 ml Shaoxing-Wein (ersatzweise Sherry Fino)
40 Stiele chinesischer Schnittknoblauch
8-12 EL Melonenkugeln (von Honig-, Netz- und Wassermelonen zu gleichen Teilen)
4 Chili ohne Kerne, fein gewürfelt
2 EL Erdnussöl
1 EL Waldhonig (mit möglichst intensivem Aroma)
1/2 Zitrone
Salz
2 EL Maisstärke, mit wenig Wasser angerührt

Die Hühnerbrühe aufkochen, bei starker Hitze auf etwa einen 1/4 l einkochen und – falls erforderlich – mit Salz abschmecken.

Die Garnelen schälen, Därme entfernen und nach Belieben die Schwanzflossen abtrennen. In einer Mischung aus Sojasauce und Shaoxing-Wein (4 EL) fünf Minuten marinieren. Den Schnittknoblauch fein schneiden, Melonenkugeln, Chiliwürfel und Teller bereit stellen; der Kochvorgang ist nur kurz und das Gericht, dessen Reiz in der knackigen Frische liegt, muss sehr schnell serviert werden.

Wok oder Eisenpfanne stark erhitzen, die Garnelen aus der Marinade nehmen und zusammen mit dem Erdnussöl in den rauchendheißen Wok oder die Pfanne geben. Kurz andünsten, bis die Garnelen sich krümmen und leicht braune Bratstellen bekommen.

Die Melonenkugeln dazugeben, mit dem restlichen Wein und der reduzierten Hühnerbrühe ablöschen, den Honig einrühren, Knoblauch und Chili unterziehen und einmal aufwallen lassen. Mit der angerührten Maisstärke abziehen, mit Zitronensaft und Salz abschmecken und auf Teller verteilen.

Rucola-Gazpacho mit Lachs-Eis und Gambas

100 g Rucola
100 g Spinat, blanchiert
100 g grüne Zucchinischalen
100 g Olivenöl
1 EL Haselnussmehl (sehr fein gemahlene Haselnüsse)
Salz, Pfeffer
Zitronensaft

4 Gambas, ausgelöst
Salz, Pfeffer
Olivenöl, Butter

Rucola für die Garnitur

Für das Eis

200 g Graved Lachs
20 ml Wodka
200 g Sahne
30 g Milch
3 Eigelb
3 Eiweiss
Zitrone, Salz, Pfeffer
Worcestershiresauce

Rucola, Spinat und Zucchinischalen im Mixer pürieren, mit dem Olivenöl aufschlagen, das Haselnussmehl dazugeben, mit Salz, Pfeffer und Zitronensaft abschmecken und kühlen.

Den Lachs grob würfeln und mit dem Wodka im Küchenkutter pürieren. Milch und Sahne mit dem Lachspüree aufkochen, 10 Minuten ziehen lassen, durch ein Sieb streichen und mit Zitrone, Salz und Pfeffer abschmecken.

Die Eigelb auf einem Wasserbad schaumig aufschlagen, den passierten Lachs dazugeben, die Mischung zur Rose abziehen und kalt schlagen. Noch einmal abschmecken, die Eiweiß halbfest aufschlagen, unterheben und gefrieren.

Die Gambas würzen und in einer Olivenöl-Butter-Mischung braten. Rucola auf gekühlten Tellern verteilen und mit Salz und Olivenöl leicht marinieren. Den kalten Gazpacho darüber geben und das Lachs-Eis und die Gambas darauf anrichten.

Cavatelli-Pasta mit Muscheln

320 g schwarze und weisse Cavatelli
400 g Venusmuscheln
1 Knoblauchzehe
1 Schalotte, geschnitten
2 EL Olivenöl
1/2 dl Weisswein
40 g Calamaretti
40 g Olivenöl
1 Knoblauchzehe, gehackt
40g Tomaten-Concassé
1 EL glatte Petersilie, gehackt
Peperoncino-Öl
Basilikumblätter für die Garnitur

Für die Cavatelli
300 g Kartoffeln
1 kg Mehl
1 Ei
3dl lauwarmes Wasser
Salz, Pfeffer
10 kleine Tinten-Briefe

Für die Cavatelli die Kartoffeln kochen, pellen und passieren. Mit Mehl, Ei und Wasser mischen, salzen, pfeffern und verkneten. Die Hälfte des Teigs mit der Tinte färben, beide Massen wie einen Pizzateig kneten, in Klarsichtfolie einpacken und zwei Stunden ruhen lassen.

Mit einem Nudelholz 1 cm dick ausrollen, in Streifen von 1 cm Breite schneiden und zu Würstchen rollen, dabei immer gut mehlen. Die Rollen in 5-cm-Stücke schneiden, mit dem Daumen leicht eindrücken und bis zum Kochen in den Kühlschrank stellen. Cavatelli, die nicht gleich verwendet werden, lassen sich gut einfrieren.

Die weißen und schwarzen Cavatelli in Salzwasser 8-10 Minuten kochen und abgießen.

Die Muscheln reinigen, in einer Kasserolle mit Knoblauch, Schalotten und Olivenöl anschwitzen, mit Weißwein ablöschen und zugedeckt 2-3 Minuten ziehen lassen. Die Muscheln herausnehmen und auslösen. Den Fond passieren und reservieren.

Die Calamaretti putzen und in dünne Ringe schneiden. Olivenöl in einer Kasserolle erhitzen, den gehackten Knoblauch und die Calamaretti dazugeben und mit dem Muschelfond aufgießen.

Muscheln, Tomaten-Concassée und gehackte Petersilie einschwenken und die abgetropften Cavatelli dazugeben. Die Mischung mit ein paar Tropfen Peperoncino-Öl scharf abschmecken, auf Tellern und mit Basilikum garnieren.

Zitronen-Senf-Hähnchen

2 Knoblauchzehen
5 EL gehackte, gemischte Kräuter (beispielsweise Rosmarin, Basilikum, Petersilie, Thymian)
100 ml Zitronensaft
etwas abgeriebene Schale einer unbehandelten Zitrone
2 EL Olivenöl
2 EL flüssiger Honig
5 EL scharfer Senf
Salz
Schwarzer Pfeffer
8 Hähnchenschenkel

Den Knoblauch schälen und zerdrücken, mit den Kräutern, dem Zitronensaft, der Zitronenschale, dem Öl, dem Honig, dem Senf, etwas Salz und reichlich Pfeffer verrühren.

Die Hähnchenschenkel waschen und abtrocknen, in der Marinade wenden und darin zugedeckt im Kühlschrank etwa 2 Stunden ruhen lassen.

Den Gartengrill, einen Elektrogrill oder den Grill des Backofens stark vorheizen.

Die Hähnchenschenkel aus der Marinade nehmen und trocken tupfen. Auf oder unter dem Grill von jeder Seite 8-10 Minuten grillen, zwischendurch mehrmals mit der Marinade bestreichen.

Huhn in Knoblauchsauce

900 g Hühnerbrustfilets
mit Salz und Pfeffer gewürztes Mehl
4 EL Olivenöl
4 EL Butter
5-6 EL Weisswein
4 EL Hühnerfond
3 TL gehackter Knoblauch
1 EL gehackte Petersilie
1 grosser EL Sherry
1 grosser EL Weinbrand
Salz und frisch gemahlener Pfeffer
Petersilie zum Garnieren

Das Hühnerfleisch in kleine Stücke zerteilen und in dem gewürzten Mehl wenden, bis sie damit bedeckt sind.

In einem Topf das Öl mit der Butter erhitzen. Die Hühnerstücke hineingeben und braten, bis sie golden sind, dabei häufig wenden, damit alle Seiten gleichmäßig bräunen.

Den Wein, Hühnerfond, Knoblauch und Petersilie zugeben und köcheln lassen, bis die Flüssigkeit um die Hälfte reduziert ist. Umrühren und den Sherry und den Weinbrand zugießen.

Mit Salz und Pfeffer abschmecken und mit der Petersilie garniert servieren.

Kalte Schweinemedaillons in Safrangelee

600 g Schweinefilet, von Haut und Sehnen pariert in Medaillons von ca. 80-100 g geschnitten
6 Salbeiblätter
6 Lorbeerblätter
4 Knoblauchzehen
4 EL Olivenöl
2 EL Butter
Salz
weisser Pfeffer aus der Mühle
5 g Safranfäden
200 g trockener Weisswein
1 EL Kaktusfeigenlikör
2 Blatt Gelatine, eingeweicht, aufgelöst
1 rote, nicht scharfe Peperoni, entkernt und in kleine Würfel geschnitten

Olivenöl und Butter erhitzen und die Schweinemedaillons darin von beiden Seiten ca. 3 Minuten rosé anbraten. Salbei, Lorbeer und Knoblauch zugeben. Mit Salz und Pfeffer würzen. Safran, Kaktusfeigenlikör und Weißwein zugeben und für 2 Minuten alles schmoren lassen. Medaillons herausnehmen und kalt stellen.

Den Sud passieren. Die Gelatine und die Peperoniwürfel zugeben. Kalt stellen und über die Medaillons geben.

Rouladen mit Artischockenfüllung

4 Rouladen aus der Oberschale (je 200 g)
Senf nach Belieben
4 Scheiben geräucherter Speck
4 etwa 5 cm lange, in Butter geröstete Weissbrotcroûtons
Salz, frisch gemahlener weisser Pfeffer
2 EL Olivenöl

Marinade

0,7 l Rotwein
120 g grobe Zwiebelwürfel
je 80 g grobe Stangensellerie- und Möhrenwürfel
15 zerdrückte Pfefferkörner
je 1 Lorbeerblatt, Thymianzweig
2 Nelken
1 EL Zucker, gestrichen
Salz

Artischockenfüllung

60 g Schalotten
60 g Parmaschinken
8 frische Artischockenböden
100 g Champignons
10 g Butter
1/2 zerdrückte Knoblauchzehe
1 TL milder Senf
2 cl trockener wei er Vermouth (Noilly Prat)
100 ml Sahne
4 Basilikumblättchen
1 EL fein geschnittene Petersilie

Sauce

20 g Butter
1 EL Tomatenmark
30 g kalte Butterwürfel

Die Rouladen aus der Oberschale schneiden. Alle Zutaten für die Marinade in eine Schüssel geben, die Fleischscheiben einlegen (sie sollen ganz bedeckt sein) und über Nacht marinieren. Am nächsten Tag die Rouladenscheiben herausnehmen und trocken tupfen. Den Rotwein durch ein Sieb gießen, einmal aufkochen und dabei abschäumen. Die Gewürze und das Gemüse im Sieb beiseite stellen.

Für die Füllung die Schalotten und den Schinken sehr fein, die Artischockenböden und die Champignons grob würfeln. Die Schalotten in der Butter anschwitzen, den Parmaschinken zufügen und angehen lassen. Die Artischockenböden und die Champignons darin kurz mitdünsten, Knoblauch, Senf, Vermouth und Sahne einrühren und einkochen lassen. Mit den fein geschnittenen Kräutern, Salz und Pfeffer abschmecken. Die Rouladenscheiben füllen und binden, beim Aufrollen die Ränder über die Füllung drücken, damit sie beim Schmoren nicht austreten kann.

Die Rouladen mit Salz und Pfeffer würzen und in einem Bräter mit 2 EL Öl von allen Seiten anrösten. Das Gemüse und die Gewürze aus der Marinade mitbraten und mit dem Rotwein auffüllen. Den Bräter zudecken und im vorgeheizten Backofen bei 180 °C (Ober- und Unterhitze) für ca. 1 Stunde schmoren. Falls der Rotwein nicht ausreicht nochmals mit etwas Wasser auffüllen. Die Sauce mit dem Gemüse – die Gewürze jedoch vorher herausnehmen – durch ein Sieb streichen. Je nach gewünschter Konsistenz einkochen und mit der kalten Butter montieren. Mit Salz und Pfeffer abschmecken.

Rinderragout mit Schokolade

2 rote Paprikaschoten (etwa 300 g)
1 grosse Fleischtomate (etwa 250 g)
2 Knoblauchzehen
1 Zwiebel
50 g Zartbitterschokolade
3 EL Essig
3 EL Öl
800 g Rindergulasch
Salz
Schwarzer Pfeffer, frisch gemahlen
3/8 l Fleischbrühe
2 Nelken
1/2 Zimtstange
2 grosse Möhren (etwa 250 g)
1 grosse Kartoffel (etwa 200 g)

Den Backofen auf 250 °C vorheizen. Die Paprikaschoten auf mittlerer Schiene im Ofen etwa 20 Minuten garen. Herausnehmen, halbieren, häuten, entkernen und das Fruchtfleisch zerschneiden.

Inzwischen die Tomate mit kochendem Wasser überbrühen, häuten, Kerne und Stielansatz entfernen und das Fruchtfleisch würfeln. Den Knoblauch schälen. Die Zwiebel schälen und vierteln. Die Schokolade in Stücke brechen. Mit der Paprika, der Tomate, dem Knoblauch, der Zwiebel und dem Essig im Mixer pürieren.

Das Öl erhitzen. Das Fleisch darin portionsweise anbraten, salzen und pfeffern. Das Püree, die Brühe, die Nelken und die Zimtstange dazugeben. Etwa 50 Minuten zugedeckt garen.

Die Möhren und die Kartoffeln schälen und waschen. Die Möhren längs vierteln und klein schneiden, die Kartoffeln würfeln. Beides zum Fleisch geben und etwa weitere 15 Minuten köcheln lassen. Dann Nelken und Zimt entfernen. Das Ragout abschmecken.

Sommer-Gemüse-Couscous

Sommergemüse der Saison
300 g pro Person z.B. Navets,
Mini-Karotten, Mini-Fenchel,
gelbe und grüne Mini-Zucchini
100 g Couscous,
nicht vorgekocht

Für die Sauce
4 cl Extra-Vergine-Olivenöl
1 Knoblauchzehe
1 Dose Tomaten, zerkleinert
2 grosse Tomaten, entkernt, geschält und geschnitten
Minzeblätter, gezupft
Ingwerwurzel, geschält und fein geschnitten
Lorbeerblatt, zerrieben
Currypulver, Zimtpulver
Muskatnuss, gerieben
Koriander, gemahlen
Schwarzer Pfeffer, gemahlen

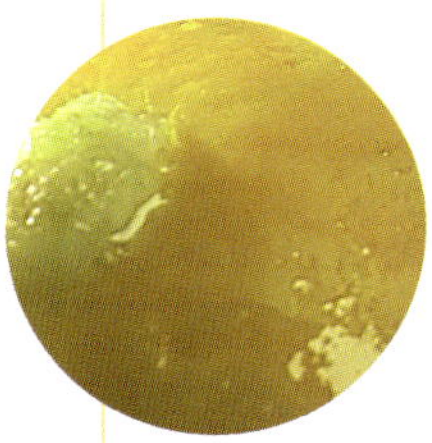

Alle Gemüse in feine Würfel, Ringe oder Streifen schneiden; es werden pro Gemüsesorte etwa zwei Esslöffel benötigt. In einem passenden Topf gut einen Liter leicht gesalzenes Wasser aufkochen, die Mini-Gemüse darin nacheinander mit Hilfe eines Siebs blanchieren, herausnehmen und kalt abschrecken. Das Gemüse-Kochwasser reservieren.
Für die Sauce Olivenöl in einer Pfanne erhitzen, Knoblauch, Dosentomaten und frische Tomaten hineingeben und abziehen lassen. Die in feine Streifen geschnittenen Kräuter, etwas Ingwer und Lorbeerblatt dazugeben, mit je einer Messerspitze der pulverförmigen Gewürze abschmecken und etwa 20 Minuten köcheln lassen. Vor dem Anrichten dieses püreeähnliche Konzentrat mit etwa 4 EL vom Gemüse-Kochfond verdünnen.

Couscous zweimal waschen, abtropfen lassen und in einem Couscous-Topf auf klassische Art kochen.

Die Tomatensauce auf Teller verteilen, den Couscous kreisförmig auf der Sauce anrichten und die Gemüse darüber streuen.

Flan mit Zucchini und Kräutern

1 Zwiebel
1-2 Knoblauchzehen
2-3 Salbeiblätter
1 Zweig Rosmarin
1 Zucchino (300-400 g)
2 EL Olivenöl
200 g Sahne
4 Eier
50 g Parmesan, frisch gerieben
Salz
Pfeffer
1 Prise Muskatnuss
Öl für die Form

Die Zwiebel und den Knoblauch schälen und fein würfeln. Den Salbei und den Rosmarin waschen, Nadeln und Blättchen von den Stielen streifen und fein hacken. Zucchino waschen und in feine Streifen schneiden oder hobeln.

Das Öl in einem Topf erhitzen. Zwiebeln und Knoblauch darin bei mittlerer Hitze goldgelb braten. Dann Salbei, Rosmarin und Zucchini dazugeben und 1-2 Minuten dünsten. Die Sahne angießen und alles auf etwa die Hälfte einkochen lassen. Vom Herd nehmen und etwas abkühlen lassen.

Den Backofen auf 180 °C vorheizen, die Fettpfanne einschieben und mit Wasser füllen. Eine flache Auflaufform ölen.

Die Eier trennen. Eigelb und den Parmesan in die Zucchinimasse rühren. Die Masse mit Salz, Pfeffer und Muskat würzen.

Die Eiweiß steif schlagen und vorsichtig unterheben. Die Masse in die gefettete Form geben, diese in das heiße Wasserbad im Backofen (Umluft 160 °C) stellen und 30-35 Minuten stocken lassen, bis die Oberfläche goldbraun ist.

Artischockentorte mit Brunnenkresse

Für 4 bis 6 Portionen

8 Artischocken
Salz, Pfeffer aus der Mühle
Zitronensaft
Weissweinessig, Zitrone, Öl
2 Bund Brunnenkresse
3 Blatt Gelatine

Für die Vinaigrette

1–2 Fleischtomaten, enthäutet, entkernt und gewürfelt
Weissweinessig,
Zitrone, Öl
1 Schalotte, gehackt
Salz, Pfeffer
Zucker

Die Artischockenböden sauber auslösen und in Salzwasser mit etwas Zitrone weich kochen. Herausnehmen und abkühlen lassen. Aus Essig, Öl, Salz, Pfeffer und Zitronensaft eine Sauce rühren und darin die Böden ca. zwei Stunden marinieren. Die Kresse putzen, waschen, kurz blanchieren, in Eiswasser abkühlen und gut abtropfen. Drei bis vier Artischockenböden mit der Kresse im Küchenmixer fein pürieren. Das Püree mit Salz, Pfeffer und Zitrone abschmecken; die aufgelöste Gelatine unterrühren. Mit den restlichen Artischockenböden in eine Form schichten und für vier bis sechs Stunden kalt stellen.

Aus den angegebenen Zutaten die Tomaten-Vinaigrette erstellen. Die Artischockentorte stürzen, aufschneiden und mit der Vinaigrette anrichten.

Gefüllte Tomaten

6 runde Tomaten mit Stiel
(Durchmesser etwa 6 cm)
2 weisse Frühlingszwiebeln,
fein geschnitten
1 EL Kräuter (Basilikum,
Petersilie, Koriander)
Olivenöl, Sherry-Essig
Salz, Pfeffer

Die Tomaten schälen ohne (wegen der Garnitur) die Stiele zu entfernen. Von vier Tomaten einen Deckel abschneiden, aushöhlen und innen und außen etwas salzen, damit sie Flüssigkeit abgeben. Das Fruchtfleisch der zwei verbliebenen Tomaten in Würfel schneiden, leicht salzen und abtropfen lassen. Mit Frühlingszwiebeln und Kräutern mischen, mit Olivenöl, Sherry-Essig, Salz und Pfeffer abschmecken. Die ausgehöhlten Tomaten trocken tupfen, mit dem Kräuter-Tomatensalat füllen und anrichten.

Eingelegte Kirschtomaten

1 kg Kirschtomaten, ohne
Strunk, eingeschnitten
1 l Wasser
ca. 1/8 l Weissweinessig
3 Lorbeerblätter
1 Dillzweig
einige Petersilienstängel
einige schwarze Pfefferkörner
Salz
2 Zimtstangen
4 Knoblauchzehen
3 EL brauner Zucker
1 EL Honig
1 EL Senfkörner

Alle Zutaten außer den Kirschtomaten mischen, kurz erhitzen und danach etwas abkühlen lassen. Danach die Kirschtomaten dazugeben und für 3-4 Tage abgedeckt kalt stellen.

Tomaten-Chutney

750 g Tomaten
250 g Zwiebeln
2 frische Chilischoten
3 EL Öl
6 Gewürznelken
150 ml Rotweinessig
150 g brauner Zucker
Salz
Weisser Pfeffer, frisch gemahlen
Muskatnuss, frisch gerieben

Die Tomaten einritzen und mit kochendem Wasser überbrühen. Abschrecken und die Haut der Tomaten abziehen. Die Tomaten vierteln und die Kerne entfernen. Das Fruchtfleisch würfeln. Die Zwiebeln schälen und würfeln. Die Chilischoten längs aufschneiden, entkernen und klein schneiden.

Das Öl in einem größeren Topf erhitzen. Die Zwiebeln darin glasig braten. Die Tomaten, die Chilischoten, die Nelken, den Essig, den Zucker und die Gewürze dazugeben. Bei mittlerer Hitze etwa 20 Minuten kochen. Dabei ab und zu umrühren. Das Tomaten-Chutney auskühlen lassen.

Dieses Chutney passt sehr gut zu gegrilltem Schweinefleisch, Kalbfleisch oder Putenfleisch.

Tomaten-Kompott

4 Tomaten, geschält und entkernt
50-60 g getrocknete Tomaten
1 TL Zwiebeln, gehackt
1 Knoblauchzehe
40 g Butter
1 Thymianzweig
1 Lorbeerblatt
Orangenpulver (aus getrockneter, im Mixer zerkleinerter Orangenschale)
Zucker
Salz, Schwarzer Pfeffer
Parmesan

Frische und getrocknete Tomaten in Würfel schneiden. Zwiebel und Knoblauch in Butter anziehen, Tomatenwürfel, Thymian und Lorbeer dazugeben und bei milder Hitze dünsten, bis die Flüssigkeit verdunstet und eine ziemlich feste, formbare Masse entstanden ist. Mit einer Prise Orangenpulver, Zucker, Salz und Pfeffer abschmecken. In Pyramidenform anrichten und mit dreieckig geschnittenen, dünnen Parmesanscheiben garnieren.

Tomaten-Orangen-Sauce zu Spaghetti

1 kg vollreife Tomaten
2 EL Olivenöl
2 Knoblauchzehen
2 EL frische glatte Petersilie, fein geschnitten
2 EL frische Thai-Basilikumblätter, fein geschnitten
1 TL frischer Oregano
Meersalz
Frischgemahlener weisser Pfeffer
2 Orangen
700 g Spaghetti
60 g frisch geriebener Parmesan

Bei den Tomaten den Stielansatz entfernen, die Haut mit einem scharfen Messer kreuzweise einritzen und mit einem Schaumlöffel kurz in kochendes Wasser halten. Die Tomaten dann schälen, halbieren, entkernen (dabei den sich ergebenden Saft durch ein Haarsieb in einer Porzellanschüssel auffangen) und sehr fein schneiden.

In einer hohen Edelstahlpfanne das Olivenöl erhitzen und die Knoblauchzehen sowie Petersilie und Basilikum kurz andünsten. Dann den Saft der Tomaten und die Tomatenstücke sowie den Oregano hinzufügen, mit dem Kochlöffel verrühren und 20 Minuten bei sehr kleiner Hitze köcheln. Dabei ständig mit dem Kochlöffel umrühren, damit sich die Tomaten auflösen. Anschließend mit Salz und Pfeffer abschmecken.

Die Orangen auspressen und den Saft durch ein Haarsieb in die Sauce streichen. Nochmals 5 Minuten bei mittlerer Hitze einkochen. Die Sauce dann durch ein feines Haarsieb in eine Sauteuse seihen, mit dem Schneebesen kräftig aufschlagen und etwa 2 Minuten köcheln lassen. Die Sauce in eine weite Porzellanschüssel füllen, die frisch gekochten Spaghetti dazugeben und durchmischen. Den Parmesan darüber streuen und sofort sehr heiß servieren.

Zitronenkartoffeln

800 g kleine Kartoffel
Salz
2 Zitronen
1 EL Essig
2 EL Fleischbrühe
1 Bund Petersilie
schwarzer Pfeffer,
frisch gemahlen
8 Knoblauchzehen
6 EL Olivenöl, kaltgepresst

Die Kartoffeln unter fließendem Wasser bürsten, dann mit der Schale in wenig Salzwasser zugedeckt etwa 25 Minuten garen.

Die Kartoffeln abgießen, etwas abkühlen lassen und schälen. Noch lauwarm in etwa 2 cm dicke Scheiben schneiden.

Die Zitronen auspressen. Den Saft in eine Schüssel geben und mit dem Essig und mit der Fleischbrühe mischen. Die Petersilie waschen, trocken schütteln, hacken und unterrühren. Alles mit Salz und Pfeffer abschmecken.

Den Knoblauch schälen, hacken, mit dem Olivenöl zur Zitronensauce geben und mit dem Schneebesen gut durchrühren.

Die Sauce über die noch lauwarmen Kartoffeln gießen und servieren.

Sardinenmus

6 entgrätete Sardinen (Dose)
1 Zwiebel
1/2 Bund glatte Petersilie
4 EL Mayonnaise
1 TL Limettensaft
Salz, Pfeffer aus der Mühle
Grüne Oliven
Ofenfrisches Maltesisches
Weissbrot

Die Sardinen aus der Dose nehmen und unter fließendem kalten Wasser kurz abspülen. Mit Küchenpapier trocken tupfen und fein hacken.

Die Zwiebel abziehen und sehr fein würfeln. Die Petersilie waschen, die Blätter von den Stielen zupfen und fein hacken.

Sardinen, Zwiebeln, Petersilie und Mayonnaise miteinander verrühren und mit Limettensaft, Salz und Pfeffer würzen. Das Sardinenmus mit Oliven und Weißbrot servieren.

süß-saures Auberginengemüse

Zutaten für 4–6 Portionen

600 g Auberginen
3 Stangen Staudensellerie
200 g milde, weisse Zwiebeln
1 Bund Basilikum
1 grosse Dose geschälte Tomaten
50 g grüne Oliven ohne Stein
2 EL Kapern
5 – 6 EL Weissweinessig
ca. 100 ml Olivenöl
1/2 TL Zucker
Salz, Pfeffer aus der Mühle

Auberginen in 1 cm große Würfel schneiden und in ein Sieb legen. Mit Salz bestreuen, etwa 1 Stunde ziehen lassen, damit die Bitterstoffe entzogen werden.

3 Selleriestangen putzen, in 3 cm lange Stücke schneiden, zartes Grün beiseite legen. 200 g Zwiebeln grob hacken. Tomaten abtropfen lassen und klein schneiden. Tomatensaft für etwas anderes verwenden (zum Beispiel für eine Suppe). 50 g Oliven halbieren.

In einem breiten Topf 4 EL Olivenöl erhitzen. Zwiebeln glasig dünsten. Selleriestücke einige Minuten mitbraten. Mit 1/2 TL Zucker bestreuen, salzen und pfeffern. Tomaten, Oliven und 2 EL Kapern einrühren. Im offenen Topf 15 Minuten bei niedrigster Temperatur garen. Ab und zu umrühren.

Inzwischen Auberginenwürfel kurz abspülen, mit Küchenkrepp abtrocknen. In einer Pfanne das restliche Olivenöl sehr heiß werden lassen. Auberginen portionsweise knusprig ausbacken. Auf Küchenkrepp abtropfen lassen.

Frittierte Auberginenwürfel zum Gemüse in den Topf geben. 5 EL Weißweinessig angießen, alles nochmals 15 Minuten leise köcheln lassen. Mit Salz, Pfeffer und eventuell noch etwas mehr Essig abschmecken. Mit frischen Basilikumblättchen und gehacktem Selleriegrün bestreut servieren.

SÜSSE GERICHTE

Süssspeisen

Desserts

Gebäck

Schokoladennudeln

Für den Nudelteig
250 g Weizenmehl
100 g Kakaopulver
30 g Puderzucker
ausgeschabtes Mark von
1 Vanilleschote
4 Eier

Für die Sauerkirschen
1 Glas Sauerkirschen (350 g Füllmenge)
10 g Speisestärke
40 g Zucker
1 Stück Zimtstange
1 Nelke

Für die Vanillesahne
1/8 l Sahne
20 g Puderzucker
1 Vanillestange, ausgekratzt

Zum Garnieren
Minzeblättchen

Das Mehl zusammen mit dem Kakaopulver auf eine Arbeitsfläche sieben. In die Mitte eine Mulde drücken. Den Puderzucker und das Vanillemark hinein geben, die Eier aufschlagen und in die Mulde gleiten lassen. Alles zu einem glatten Teig kneten. In Folie wickeln und 30 Minuten ruhen lassen. Den Teig mit der Nudelmaschine in mehreren Durchgängen bis zur gewünschten Stärke ausrollen, dabei die Walzen immer enger stellen. Trenette von etwa 3 mm Breite mit dem entsprechenden Vorsatz schneiden. Die Nudeln auf ein Tuch legen und kurz trocknen lassen.

Die Sauerkirschen in einem Sieb abtropfen lassen, den Saft auffangen und 1/8 l abmessen, einige Kirschen für die Garnitur zur Seite stellen. Die Speisestärke mit 2 EL Saft anrühren. Den restlichen Saft in einem Topf mit dem Zucker, der Zimtstange und der Nelke aufkochen. Die Speisestärke einrühren und unter ständigem Rühren mit dem Schneebesen aufwallen lassen, bis der Saft bindet. Die Kirschen zugeben und gut durchrühren, die Zimtstange und die Nelke entfernen, beiseite stellen.

Für die Vanillesahne die Sahne mit dem Puderzucker und dem Vanillemark halbsteif schlagen.

Die Trenette in leicht gesalzenem, sprudelnd kochendem Wasser al dente kochen. Abseihen und auf tiefen Tellern anrichten. Sahne und einige Kirschen darauf geben, mit Minze garnieren.

Vanillesauce kann als Variante dazu gereicht werden.

Tipp Den Nudelteig mit Kakaopulver sollte man beim Ausrollen mit dem Rollholz oder mit der Maschine reichlich mit Mehl bestäuben, weil er sehr leicht festklebt. Deshalb auch vor dem Kochen gut antrocknen lassen.

Pfannkuchen mit Zuckerkruste

Zutaten für 6 bis 8 Personen

Für die Pfannkuchen
175 g Mehl
320 ml Milch
2 Eier
abgeriebene Schale von 1/2 Zitrone
Mark von 1 Vanilleschote
Salz
100 g Butterschmalz zum Braten

Für die Füllung
80 g Butter
110 g Zucker
250 g Magerquark
3 Eigelb
1 EL Crème fraîche
abgeriebene Schale von 1/2 Orange
und 1/2 Zitrone
50 g Rosinen
Salz
1 EL Honiglikör
2 Eiweiss

Für den Guss
40 g Zucker
1 Ei
1 Eiweiss
125 g Schlagsahne
Mark von 1 Vanilleschote
2 EL brauner Zucker

Für den Teig Mehl, Milch, Eier, Zitronenschale, Vanillemark und 1 Prise Salz in einer Schüssel verrühren.

Etwas Butterschmalz mit einem Pinsel in einer heißen Pfanne (Ø 26 cm) verteilen. Mit einer Kelle etwas Teig in die Pfanne gießen und durch vorsichtiges Schwenken gleichmäßig verteilen. Den Pfannkuchen auf der Unterseite goldbraun braten, dann umdrehen und weiter braten. So nach und nach 6 Pfannkuchen backen, dabei die Pfanne immer wieder mit Butterschmalz auspinseln. Die fertigen Pfannkuchen beiseite stellen.

Für die Füllung 60 g Butter und 50 g Zucker schaumig aufschlagen. Nach und nach Quark, Eigelbe und Crème fraîche unterrühren. Orangen- und Zitronenschale dazugeben, mit 1 Prise Salz und mit Honiglikör würzen. Die Rosinen unterrühren. Das Eiweiß mit dem restlichen Zucker steif schlagen und unterheben.

Eine Springform (Ø 26 cm) dick mit der restlichen Butter einpinseln. Einen Pfannkuchen hineinlegen und etwas Quarkfüllung darauf verstreichen. Wieder einen Pfannkuchen und etwas Füllung darauf geben. Weiter schichten, bis Pfannkuchen und Füllung aufgebraucht sind. Mit einem Pfannkuchen ohne Füllung abschließen.

Die Pfannkuchentorte im vorgeheizten Backofen 10-12 Minuten bei 200 °C backen.

Inzwischen für den Guss Zucker, Ei und Eiweiß verrühren. Die Schlagsahne dazugießen und das Vanillemark unterrühren.

Eierguss auf die Torte gießen und gut verteilen. Die Torte weitere 20 Minuten bei gleicher Temperatur backen.

Den braunen Zucker auf die Torte streuen und ihn in 5-6 Minuten karamellisieren lassen. Die Torte aus dem Ofen nehmen und lauwarm abkühlen lassen, aus der Form nehmen, in Stücke schneiden.

Kartoffelschmarrn mit Anisapfelmus

Zutaten für 2 Personen

Für das Anisapfelmus
600 g säuerliche Äpfel
1 EL Zitronensaft
1-2 EL Zucker
1 Prise Zimtpulver
1 TL Anislikör

Für den Kartoffelschmarrn
500 g gegarte,
mehligkochende Kartoffeln
75 g Gries
Salz
100 g Magerquark oder Schichtkäse
1 Ei
2-3 EL Butterschmalz

Für das Anisapfelmus die Äpfel schälen, vierteln, von den Kerngehäusen befreien und grob zerkleinern. Die Äpfel mit Zitronensaft, Zucker und Zimt in einem Topf mischen und alles zum Kochen bringen. Dann zugedeckt bei schwacher Hitze etwa 25 Minuten garen, bis die Äpfel musig sind. Die Äpfel kräftig durchrühren oder zerdrücken, nach Wunsch abkühlen lassen und vor dem Anrichten Anislikör zugeben.

Die Kartoffeln schälen und mit einer feinen Reibe reiben. Mit dem Grieß, 1 Prise Salz, dem Quark und dem Ei gründlich mischen. Den Teig etwa 15 Minuten quellen lassen.

In einer Pfanne das Butterschmalz erhitzen. Den Kartoffelteig etwa 1 cm dick in die Pfanne geben und bei mittlerer Hitze etwa 10 Minuten backen, bis die Unterseite gebräunt ist. Wenden und noch einmal etwa 5 Minuten backen.

Den Kartoffelschmarrn mit zwei Gabeln in Stücke zerpflücken und unter Rühren rundherum knusprig rösten. Dabei gegebenenfalls noch etwas Butterschmalz zugeben. Den Schmarrn mit dem Anisapfelmus servieren.

Eisgekühlte Schichttorte

Zutaten für 8–10 Personen

Für die Tortenböden
250 g geschälte Mandeln
150 g Puderzucker
2 Eiweiss

Für die Füllung
3 Eier
200 g Butter
60 g Puderzucker
2 cl Amaretto
2 Mokkatassen starker, abgekühlter Espresso
150 g Zartbitter-Schokolade
3 EL Mandelsplitter

Die Tortenböden möglichst schon am Vortag zubereiten. Backofen auf 150 °C (Gas Stufe 1) vorheizen. 250 g geschälte Mandeln sehr fein mahlen. Mit 150 g Puderzucker mischen, 2 Eiweiß zu Schnee schlagen und unterziehen.

Teig in 3 Portionen teilen, jeweils in der Größe einer Springform (Ø 24 cm) zwischen Klarsichtfolie dünn ausrollen. Die 3 Böden nacheinander im vorgeheizten Backofen auf mittlerer Schiene 10 bis 15 Minuten backen. Gut auskühlen lassen.

Für die Füllung 3 Eier trennen, die 3 Eiweiß zu Schnee schlagen. 200 g Butter, 3 Eigelb und 60 g Puderzucker schaumig rühren. Eischnee esslöffelweise unterziehen.

2 cl Amaretto mit den 2 Tässchen kaltem Espresso vermischen. Einen der abgekühlten Mandelböden mit etwa 1/3 der Espresso-Amaretto-Mischung tränken.

1/3 der Eischaumcreme auftragen und glatt streichen. 50 g Schokolade reiben, die Hälfte davon auf die Creme streuen. Darauf vorsichtig wieder einen Tortenboden legen, mit Espresso und Amaretto beträufeln. Creme und Schokolade, dann wieder Tortenboden, Espresso, Amaretto und Creme folgen lassen.

Torte zudecken, 4 bis 5 Stunden im sehr kalten Kühlschrank (oder etwas kürzer in der Tiefkühltruhe) durchziehen lassen. Vor dem Servieren 100 g Schokolade grob raspeln, die Oberfläche der Torte üppig mit Schokoladenraspeln und evtl. 3 EL Mandelsplittern dekorieren. Eiskalt servieren.

Feigentörtchen mit glacierten Melonenkugeln

200 g Blätterteig
8 reife Feigen
1/8 l Sahne
20 g flüssige Butter
Mark einer Vanillestange
40 g Zucker
20 g Cremepulver oder Puddingpulver
2 Eier
100 g Aprikosenmarmelade

Für die Melonen
1/2 l kräftiger Rotwein
5 cl roter Port
20 g Zucker
1 Orange
Weizenstärke zum Abbinden
1 Cavaillon-Melone, nicht zu reif

Den Blätterteig messerrückendick ausrollen, 8 Tortenförmchen (10 cm Durchmesser) so damit auslegen, dass der Teig etwa einen Zentimeter übersteht. Die Formen mit Alu-Folie abdecken, mit Erbsen (oder Linsen etc.) beschweren und im 220 °C heißen Ofen goldgelb blindbacken backen. Folien und Hülsenfrüchte entfernen.

Die Feigen schälen und in 0,5 cm dicke Scheiben schneiden. Die vorgebackenen Formen mit den Feigenscheiben dekorativ auslegen.

Die Sahne mit Butter, Zucker und Vanillemark aufkochen, Cremepulver und Eier dazugeben, kräftig verrühren und passieren. Die Törtchen mit der Crememasse aufgießen und bei 220 °C im Ofen stocken lassen. Herausnehmen und 5-10 Minuten ruhen lassen. Mit der restlichen Crememasse aufgießen und wieder stocken lassen. Etwas auskühlen und mit der flüssigen Aprikosenmarmelade abglänzen.

Für die Melonenkugeln den Rotwein mit Port und Zucker aufkochen. Um die Hälfte einkochen. Die Orangen dünn schälen und die Schale in feine Streifen („Julienne") schneiden, in kaltes Wasser geben, einmal aufkochen, abgießen und kalt abspülen.

Die Julienne in die Rotweinreduktion geben und kurz mitkochen. Die Reduktion mit der in etwas Rotwein angerührten Stärke binden. Die Melone halbieren, Kerne entfernen und zwanzig Kugeln ausstechen. In den Rotweinfond geben und zwei bis drei Minuten köcheln. Die warmen Feigentörtchen mit den Melonenkugeln anrichten und servieren.

Ricottatörtchen mit Erdbeersauce

Zutaten für 8 Portionen

Für die Ricottatörtchen
2 Blatt weisse Gelatine
2 EL Milch
250 g Ricotta
50-75 g Zucker
1 EL süsser Weisswein
2 Eiweiss

Für die Sauce
200 g aromatische Erdbeeren
1-2 EL Zucker
2-3 EL Kaktusfeigenlikör

Die Gelatine in kaltem Wasser einweichen, ausdrücken, in der Milch erwärmen und auflösen. Den Ricotta mit dem Zucker cremig rühren und den süßen Weißwein gut unterheben. Zuletzt die aufgelöste Gelatine vorsichtig unterrühren. Die Eiweiß zu Schnee schlagen, unter die Creme heben und in leicht gefettete Förmchen füllen. Die Förmchen für 2 Stunden in den Kühlschrank stellen. Die Zutaten für die Sauce in einen Topf geben, 5 Minuten kochen und im Mixer verquirlen. Die Törtchen auf je einen Teller stürzen und einige Löffel der Sauce darüber gießen.

Weißweinkuchen

Für den Teig
250 g Weizenmehl Type 405
1 Msp. Backin
125 g kalte Butter
75 g Puderzucker
1 P. Vanillin-Zucker
1 Msp. Salz
4 EL Wasser (60 ml)

Für den Belag
150 g Zucker mit Zimt gemischt
100 g Weizenmehl Type 405
125 g kalte Butter
300 ml trockner Weisswein

Aus den angegebenen Zutaten einen Knetteig zubereiten, evtl. kalt stellen. Teig zu einer Platte (30 cm Durchmesser) ausrollen. Eine gefettete Tarteform (26 cm Ø) damit auslegen. Rand evtl. begradigen.
Zucker und Zimt mischen. Teigboden abwechselnd lagenweise mit Zimtzucker und Mehl und wieder mit Zimtzucker bestreuen. Die in Würfel geschnittene Butter darauf verteilen. Den Wein darüber gießen. Bei 180 °C (Heißluft) etwa 40 Minuten backen.

Haselnussnockerln mit Likoräpfeln

200 g Haselnüsse
50 g Mehl
4 EL Schlagsahne, Salz
60 g Zucker
4 Eier
2 grosse rote Äpfel
3 EL Zitronensaft
1 grosse Orange
1/8 l Kaktusfeigenlikör
60 g Butter

150 g Haselnüsse mahlen, 50 g vierteln und beiseite stellen. Die gemahlenen Nüsse in einer Pfanne ohne Fett hellbraun anrösten, dabei ständig umrühren, dann in eine Schüssel geben. Mit Mehl, Sahne, je 1 Prise Salz und Zucker und 2 Eiern zu einem dicken Teig verquirlen. 10 Minuten ausquellen lassen, dann die restlichen Eier unterrühren, 2 Esslöffel in heißes Wasser tauchen, damit Nockerln aus dem Nussteig formen. In schwach gesalzenes, kochendes Wasser gleiten lassen, darin 10 Minuten quellen aber nicht kochen lassen. Herausnehmen, abtropfen lassen. In einer gebutterten Form bei 50 °C im Backofen warm stellen.

Während die Nockerln garen, Äpfel waschen, schälen, vierteln, vom Kerngehäuse befreien, in Spalten schneiden, mit Zitronensaft beträufeln. Die Orange heiß abwaschen und eine Hälfte hauchdünn abschälen, die Schale in sehr feine Streifen schneiden, die Orange auspressen.

Den Zucker in einer großen Pfanne zu hellbraunem Karamell schmelzen lassen. Äpfel, Orangenschale und Saft in die Pfanne geben, die Äpfel 3 bis 5 Minuten bei milder Hitze darin garen lassen, dabei einmal wenden. Sobald der Orangensirup dickflüssig wird, den Likör zugeben und einmal aufkochen lassen. Die Äpfel mit der Schaumkelle herausnehmen und mit den Nockerln anrichten.

Erdbeer-Charlotte mit Kräutersauce und Zimtgrissini

400 g frische maltesische Erdbeeren, kurz abgebraust und in kleine Würfel geschnitten
200 g frische maltesische Erdbeeren, in dünne Scheiben geschnitten
1 EL Honig
1 EL Kaktusfeigenlikör
1 TL geröstete Sesamkörner
1 TL Kinnie
Abrieb einer Zitrone
Abrieb einer Orange
2 Minzeblätter, fein geschnitten

Für die Sauce
2 EL Butter
2 EL Zucker
Saft einer Orange und Zitrone
1 EL Honig
1 EL Kräuterlikör

Zimtgrissini
100 g tiefgekühlter Blätterteig, in Streifen geschnitten
150 g Butterschmalz
1 EL Zucker
1 TL Zimtpulver

Die geschnittenen Erdbeeren mit allen Zutaten mischen und darin marinieren. Für die Sauce die Butter schmelzen, Zucker und Honig zugeben, mit Saft ablöschen und dick einkochen lassen. Abkühlen lassen und zum Schluss den Kräuterlikör zugeben.

Die Blätterteigstreifen in 180 °C heißem Butterschmalz goldgelb ausbacken. Auf Küchenkrepp abtropfen. Zucker und Zimt mischen und die Streifen darin wenden.

Die Erdbeerscheiben aufrecht als Kranz anrichten (dazu Plastikringe von 10 cm Durchmesser verwenden). Die geschnittenen Erdbeeren in die Mitte füllen und den Ring abnehmen. Zusammen mit der Sauce und den Grissini anrichten.

Pfirsiche in Orangen-Karamell mit Amaretti Creme

4 reife Pfirsiche
250 g Zucker
etwas Zitronensaft
125 g Crème fraîche
125 g Orangensaft
1 Schuss Orangenlikör

Amaretti Creme

125 g weisse Kuvertüre
1 Vanilleschote
1 Ei
1 EL Orangenlikör
1 Blatt Gelatine
1/4 l Schlagsahne
50 g Amaretti

Die Pfirsiche kurz in kochendes Wasser geben, abschrecken und häuten, danach in Spalten schneiden.

Den Zucker nach und nach in einer großen Pfanne unter ständigem Rühren karamellisieren, zwischendurch ein paar Tropfen Zitronensaft zugeben. Den Karamell nun milchkaffeebraun werden lassen. Mit der Crème fraîche ablöschen und mit dem Orangensaft und dem Likör auffüllen. In dem heißen Orangenkaramell die Pfirsichspalten ziehen lassen.

Für die Creme die Kuvertüre vorsichtig auflösen. Das Ei mit der ausgekratzten Vanilleschote und dem Likör über dem Wasserbad schaumig schlagen und mit der aufgelösten Gelatine verrühren. Die Kuvertüre langsam zur Eicreme geben.

Die steif geschlagene Sahne und die grob zerkleinerten Amaretti locker unterheben und alles in Förmchen oder in einer großen Form kaltstellen. Nach Belieben mit gerösteten Mandelblättchen, Pistazien und Orangenschale verzieren.

Äpfel mit Apfel-Olivenöl-Sauce und Oliven-Konfitüre

4 Äpfel
6 cl Olivenöl, mit Zitrusfrüchten aromatisiert
80 g Zucker
2-3 große Orangen
4 TL Oliven-Konfitüre

Für die Konfitüre
50 g frische grüne Oliven
280 g schwarze Oliven
200 g Äpfel, ohne Kerngehäuse
Saft einer 1/3 Zitrone
500 g Zucker
3 Zitronen-Thymian-Stiele
2 Salbeistiele
1/2 Blatt Gelatine

Für die Konfitüre die frischen Oliven einschneiden, 4 Tage einweichen, dabei das Wasser täglich wechseln. Die schwarzen Oliven entkernen und 6 Stunden in Wasser einweichen.

Die Äpfel schälen, grob schneiden, mit Zitronensaft beträufeln und mit dem Zucker bestreuen. Eine gute Stunde stehen lassen, damit die Äpfel Saft ziehen können. Alle Zutaten in einen Kupfer-Marmeladen-Kochtopf geben, aufkochen und köcheln, bis es zu „blubbern“ beginnt. Abkühlen lassen und in passende Gläser füllen.

Die Äpfel ungeschält in je acht Stücke schneiden, die Kerne entfernen, die Achtel mit Zitrus-Olivenöl beträufeln und mit etwas Zucker bestreuen. Auf ein Backblech legen und unter dem Grill etwa 10 Minuten braten.

Die Apfelsinen schälen und filetieren. Einen Teil der Schalen „schälen“, das heißt, die weiße Haut komplett ablösen, die Schalen in feine Streifen schneiden und in wenig Olivenöl dünsten.

In einer Kasserolle den aus den Äpfeln beim Braten ausgetretenen Saft mit etwas Zucker einkochen. Sollten die Äpfel nur wenig Saft abgegeben haben, eventuell mit etwas Apfelsaft auffüllen. Wenn der Saft um 3/4 eingekocht ist, die Hälfte mit dem restlichen Öl vermischen. Mit der anderen Hälfte den Bratfond vom Äpfel-Garen ablösen, hellbraun einköcheln und mit dem Saft ablöschen, der nach dem Auslösen in den Orangen verblieben ist.

Die Äpfel und die Orangenfilets anrichten, mit der Apfel-Olivenöl-Sauce und der Apfel-Orangen-Sauce nappieren, einen Löffel Oliven-Konfitüre in die Mitte geben und mit den gedünsteten Orangenschalenstreifen garnieren.

Maltesisches Tiramisu mit Mandelkruste

Für die gebackenen Löffelbiskuit
2 Eigelbe
25 g Puderzucker
2 Eiweiss
35 g Zucker
Mark von 1/2 Vanilleschote
Schale von 1/2 Zitrone
Schale von 1/2 Orange
75 g Mehl
2 EL Anis
Puderzucker

Für den Kakao
200 ml Milch
50 g Zucker
100 g Zartbitter Kuvertüre
20 ml Amaretto

Für die Creme
40 g geröstete, gehobelte Mandeln
150 ml Milch
2 Eigelb
40 g Zucker
4 Blatt Gelatine
2 cl Amaretto
120 g geschlagene Sahne
1 Eiweiss
10 g Zucker
1 Prise Salz

4 EL geröstete Mandelscheiben

Für den Kakao die Milch einmal aufkochen lassen, den Zucker und die Kuvertüre beigeben, auflösen lassen. Den Amaretto beigeben und alles abkühlen lassen.

Für die Löffelbiskuitts die Eigelb schaumig schlagen. Den Puderzucker einrieseln lassen und weiter schlagen, bis eine schaumige Masse entsteht. Die Eiweiß halb steif schlagen. Den Zucker langsam einrieseln lassen und weiter schlagen, bis es ganz steif ist. Vanillemark, Zitronen- und Orangenschale in die Eigelbmasse geben und abwechselnd das gesiebte Mehl und das steif geschlagene Eiweiß unterheben.

Die Masse in einen Spritzbeutel mit Lochtülle füllen und auf ein mit Backpapier ausgelegtes Backblech in Form von Löffelbiskuits aufspritzen. Auf jeden Löffelbiskuit einige Aniskörner streuen. Dick mit Puderzucker bestreuen und im vorgeheizten Backofen ca. 10 Minuten bei 180 °C backen, abkühlen lassen und den Zucker etwas abklopfen.

Für die Creme die gerösteten Mandeln mit der Milch aufkochen, von der Herdplatte nehmen, ca. 2 Stunden stehen lassen und danach durch ein feines Sieb passieren. Diese Mandelmilch nun zusammen mit den Eigelb und dem Zucker über einem Wasserbad schön cremig aufschlagen.

Die zuvor in kaltem Wasser eingeweichte, ausgedrückte Gelatine beigeben und solange verrühren, bis sie sich aufgelöst hat. Die Masse nun vom Wasserbad nehmen und weiter schlagen, bis sie zu stocken beginnt, mit dem Amaretto glatt rühren, die geschlagene Sahne und das Eiweiß, welches vorher mit Zucker und Salz steif geschlagen wurde, unterheben.

Die Hälfte der Löffelbiskuits in eine Form legen, mit dem Kakao großzügig tränken, die Hälfte der Creme darauf streichen. Die restlichen Biskuits darauf verteilen, mit dem restlichen Kakao tränken, die übrige Creme darauf streichen und dick mit gerösteten Mandelscheiben bestreuen. Ca. 3 Stunden kalt stellen.

Mandelgebäck

170 g Mandeln
250 g Mehl
1 TL Backpulver
200 g Zucker
Mark von 1 Vanilleschote
1 Msp. Kardamom, gemahlen
1 Msp. Zimt, gemahlen
1 Msp. Sternanis, gemahlen
1 Msp. Nelken, gemahlen
1 Prise Salz
1 EL Amaretto
25 g weiche Butter
2 Eier

Die Mandeln 1 Minute in kochendes Wasser geben, in ein Sieb schütten, auf ein Küchentuch geben und aus den Häuten drücken (oder geschälte Mandeln verwenden).

Mehl, Backpulver, Zucker, Vanille, Kardamom, Zimt, Sternanis, Nelken und eine Prise Salz in einer Schüssel mischen. Amaretto, Butter und Eier zugeben und mit dem Knethaken des elektrischen Handrührgeräts rasch zu einem glatten Teig verkneten. Nicht zu lange kneten, da der Teig sonst zu weich wird. Die Mandeln zugeben und gut unterkneten. Den Teig zu einer Kugel formen und in Klarsichtfolie eingewickelt ca. 30 Minuten kalt stellen.

Den Teig in 5 Stücke schneiden. Aus jedem Teigstück eine 25 cm lange Rolle formen. Ein Backblech mit Backpapier auslegen. Die Teigrollen im Abstand von 8 cm darauf legen. Im vorgeheizten Backofen auf der 2. Einschubleiste von unten bei 190 °C 15 Minuten vorbacken. Etwas abkühlen lassen und mit einem Sägemesser schräg in etwa 1 cm dicke Stücke schneiden. Kekse mit einer Schnittfläche auf das Backblech legen und noch einmal 8-10 Minuten bei 180 °C goldbraun backen.

Sesamgebäck

100 ml Orangensaft
200 g Puderzucker
60 g Mehl
120 g flüssige Butter
125 g Sesam

Die Zutaten zu einem homogenen Teig verarbeiten.

Auf Backtrennpapier kleine Häufchen setzen (sie sollten sehr weit auseinander sitzen) und bei 200 °C goldbraun backen.

Etwas abkühlen lassen, dann vom Papier lösen.

Getränkter Limettenkuchen mit eingelegten Gewürzorangen

Für eine viereckige Form (20 x 25 cm)

Für die Gewürzorangen

5 Orangen
130 g Zucker
250 ml Weisswein
125 ml frisch gepresster Orangensaft
2 Kardamomkapseln
4 Nelken
2 Sternanis
2 Zimtstangen
1 Vanilleschote
abgeriebene Schale von
1 Orange und 1 Zitrone
20 g Speisestärke
2 cl Grenadine
2 cl Grand Marnier

Orangen filetieren. Zucker karamellisieren, mit Weißwein ablöschen und etwa 5 Minuten kochen. Orangensaft unterrühren. Gewürze sowie Orangen- und Zitronenschale dazugeben und alles etwa 10 Minuten leicht köcheln lassen.

Speisestärke mit 1 Esslöffel kaltem Wasser anrühren und den Gewürzfond damit leicht binden. Nochmals kurz aufkochen und abkühlen lassen.

Mit Grenadine und Grand Marnier abschmecken. Das Ganze über die Orangenfilets gießen und etwa 1 Tag im Kühlschrank marinieren.

Vor dem Servieren Gewürze entfernen.

Für den Limettenkuchen

125 g Butter
125 g Zucker
1 Prise Salz
abgeriebene Schale von 1 Limette
und 1/2 Orange
135 ml Limettensaft
100 g Vollei
125 g Mehl
7 g Backpulver
125 g Puderzucker
2 cl Grand Marnier

Für den Kuchen Butter aufkochen. Vom Herd nehmen, 75 g Zucker, Salz, Limetten- und Orangenschale einrühren. Auf dem Herd solange rühren, bis die Masse bindet. 35 ml nicht zu kalten Limettensaft einrühren.

Backofen auf 180 °C vorheizen.

Vollei und 50 g Zucker verrühren und auf etwa 50 °C erwärmen. In einer Küchenmaschine kurz und schnell aufschlagen, bis der Zucker gelöst ist, und in die Buttermasse einrühren.

Mehl und Backpulver sieben und mit einem Schneebesen unter die Masse heben. Das Ganze in eine mit Backpapier ausgelegte Form füllen und etwa 30 Minuten backen.

100 ml Limettensaft, Puderzucker und Grand Marnier mischen und den frisch gebackenen Kuchen damit beträufeln.

Rainer Mitze – die Vita des Starkochs

Aktivitäten

1961 – 65 Lehre und Ausbildung Hotel Rosenhaus, Velbert

1965-67 Alexander Restaurant, Wuppertal

1967-68 2 x Saison in Westerland, Sylt

1968-1970 Hotel Bermudiana, Bermuda

1970-80 Oriental Hotel und Dusit Thani Hotel, Bangkok

1980-99 Leiter Vorstandsrestaurant und Küche Bayer AG, Leverkusen

seit Januar 2000 Rainer Mitze's Koch College

- ZDF „Guten Appetit" mit Johann Lafer
- ZDF „Kochen wie in Asien"
- 3SAT „Frag Lafer"
- Kulinarisches Festvial „East meets West", Burma 1996/97 und Bangkok, Thailand, 1995
- Berichte im Gourmet Magazin und im Feinschmecker Magazin
- Jury Member Culinary Arts Competition Bangkok, 1992 – 1997 und Manila 1997 – 1999 – 2000
- Gala Menü bei den UN, New York,1996 mit Bundesregierung (Dr. Klaus Kinkel u.a.) und Johann Lafer
- Rheinisches Festival mit LTU, Bangkok 1998
- Dozent im „Greystone" – The Culinary Institute of America – Nappa Valley, USA 1997 – 1999 – 2000
- Vox TV „Kochduell"
- Mitherausgeber der Kulinarischen Kalender
  „Euro-Asia Küche" 1994,
  „Desserts" 1995,
  „Desserts" 1996,
  „Fisch" 1996,
  „Fisch" 1997,
  „Wild" 1998,
  „Pazifik" 1999
- Kochschule und Galamenü, Aida-Clubschiff Karibik-Tour 2001
- Galamenü, Coco Reef Resort Tobago (Trinidad), West Indies

Rainer Mitze's Koch College

In Rainer Mitze's Koch College in Leverkusen hat jeder die Gelegenheit, den Geheimnissen der hohen Kochkunst auf die Schliche zu kommen. Im Januar 2000 zog das Koch College in die Räume des unter Denkmalschutz stehenden Gebäudes in der Dönhoffstraße ein. Rainer Mitze schuf hier ein einzigartiges Ambiente, das jeden sofort begeistert. Die professionell ausgestattete Küche und die lange Speisetafel bieten Hobbyköchen genug Platz, um gemeinsam mit dem Starkoch zum Beispiel La Bella Cucina della Pasta oder Feines vom Lamm zuzubereiten und zu genießen. Vor allem seine Kurse rund um die asiatische Küche erfreuen sich ständig wachsender Beliebtheit, für die er seine Inspiration aus seiner langjährigen Tätigkeit im Oriental Hotel in Bangkok – dem besten Hotel der Welt – zieht.

Doch die stilvollen Räumlichkeiten mit eigener Digestif-, Zigarren-, Illy-Kaffee- und Mitze's Weinbar werden nicht nur als Kochschule genutzt, sondern bilden auch einen ungewöhnlichen Rahmen für exklusive Geschäftsessen in privater Atmosphäre.

Kochen, ein sinnliches Vergnügen – diese drei Worte beschreiben

sehr treffend Rainer Mitze's Philosophie. Mit einer gehörigen Portion Witz, Charme und große Professionalität bringt Rainer Mitze den Teilnehmern seine Kurse eben diese Sinnlichkeit des Kochens näher. Der von der Fachwelt mehrfach ausgezeichnete Koch, der durch das „Kochduell" große Bekanntheit erlangte, denkt dabei nicht nur ans Essen selbst, sondern vor allem an die Entstehung feinster Speisen, bei der den eigenen kreativen Fähigkeiten keine Grenzen gesetzt sind.

Rainer Mitze's Koch College
Dönhoffstraße 19
51373 Leverkusen
Telefon 0214 – 8 40 50 80
Fax 0214 – 8 40 50 81

www.garcia.de/mitze
rm-kochcollege@t-online.de

Rezeptregister

Bezugsquellen

Likōre:

Madalien Ltd.
Oratory Street
Naxxar NXR 03
Malta

Telefon: (+356) 21412391,
21431744
Telefax: (+356) 21437129
info@madalien.info
www.madalien.info

Wein, Sekt:

Marsovin Ltd.
The Winery
Wills Street
Marsa PLA 01
Malta

Telefon: (+356) 2182 4920
Telefax: (+356) 21809501
info@marsovin.com.mt
www.marsovin.com

Bier, Kinnie

Simonds Farsons Cisk plc
The Brewery
Mriehel BKR 01
Malta

Telefon: (+356) 23814206
Telefax: (+356) 23814163
robertam@farsons.com
www.farsons.com
www.kinnie.com

Wein, Bier, Likör, Kinnie:

weinimport-24.de
Hans-W. Morawetz
Hembecker Talstraße 15 a
58256 Ennepetal
Germany

Telefon: (+49) 2333/76271
Telefax: (+49) 2333/631899
hwmorawetz@morawetz.de
www.weinimport-24.de
Versandservice weltweit

Marsovin Ltd.
The Winery
Wills Street
Marsa PLA 01
Malta

Telefon: (+356) 2182 4920
Telefax: (+356) 21809501
info@marsovin.com.mt
www.marsovin.com